本书为国民信托有限公司博士后科研工作站项目成果

大明宝钞制度研究

张雪峰 著

法律出版社
LAW PRESS·CHINA
北京

图书在版编目(CIP)数据

大明宝钞制度研究 / 张雪峰著. -- 北京 : 法律出版社, 2021

ISBN 978-7-5197-5804-2

Ⅰ. ①大… Ⅱ. ①张… Ⅲ. ①大明宝钞-货币制度-研究 Ⅳ. ①F822.9

中国版本图书馆 CIP 数据核字(2021)第 153391 号

大明宝钞制度研究
DAMING BAOCHAO ZHIDU YANJIU

张雪峰 著

策划编辑 似 玉
责任编辑 似 玉 李 军
装帧设计 李 瞻

出版发行 法律出版社
编辑统筹 法律应用出版分社
责任校对 邢艳萍
责任印制 吕亚莉
经 销 新华书店

开本 A5
印张 5.625 **字数** 97 千
版本 2021 年 10 月第 1 版
印次 2021 年 10 月第 1 次印刷
印刷 北京建宏印刷有限公司

地址:北京市丰台区莲花池西里 7 号(100073)
网址:www.lawpress.com.cn
投稿邮箱:info@lawpress.com.cn
举报盗版邮箱:jbwq@lawpress.com.cn
销售电话:010-83938349
客服电话:010-83938350
咨询电话:010-63939796

书号:ISBN 978-7-5197-5804-2
定价:48.00 元

凡购买本社图书,如有印装错误,我社负责退换。电话:010-83938349

序　一

雪峰的新著《大明宝钞制度研究》即将付梓，可喜可贺，这本书的选题和立意是我俩商量着定的，其间经过了无数次的修订和论证，雪峰为此付出了大量的精力。

读史，要在食髓知味。一部明史，纷繁芜杂，扑朔迷离。但提纲挈领，一言以蔽之，始终有个内在规律支配着它，这就离不开一个"钱"字。历代有为的封建王朝统治者无不想江山永固，传之后世，并为之未雨绸缪，竭尽全力。铸造、发行象征皇权正统地位的货币，无疑对任何统治者都是一件大事，此谓经济基础决定上层建筑。

本书正是在考察古代中国纸币产生和发展的基础上，从货币法制史的视角对大明宝钞的颁行、钞法、管理思想及其为稳定钞值采取的法制措施进行了系统梳理，厘清了明朝钞法变迁的基本脉络。据此，论证明朝社会风气、经济状况、生产关系、赋税徭役、黄册里甲、人身依附等因素对大明宝钞发行、流通的影响，并用比较研究的视角阐释纸币制度变迁轨迹，深入剖析其成败利弊，以期对当下提供某种借鉴和参考。

纸币的发行和流通，在宋金元时期几经兴废，因一度出现恶性通胀，长期被视为盘剥黎民的“秕政”；到了有明一代，依然存在巨大争议。宣德年间，官至礼部左侍郎兼翰林院学士的刘定之力挺纸币代替钱币流通。他说：“珠玉金宝可以为用矣，而不能多得。谷粟布帛可以为用矣，而不能致远。腰万贯之缗，手方寸之楮，寒可以衣，饥可以食，不珠玉而自富，不金宝而自足，盖亦古人抚世便民之良规也。”珠玉金宝固然好，但是稀缺，不能大量投入商品交换。谷粟布帛倒不稀缺，可又太笨重，不便于交换。纸币只需方寸之楮，就能够做到寒可以衣，饥可以食，其有效性是其他介质无法取代的。

针对宝钞超发,面临贬值压力的情况,明王朝采用雷霆手段全力维护其法定货币地位:洪武九年(1376 年)朝廷下令“民间不得以金银物货交易,违者罪之”,而告发者则以原告交易之物品作为犒赏。由于大明宝钞无准备金,又完全根据国家财政需求随意滥发,以强制手段禁止民间用金、银及铜钱,只能导致民间进入以物易物的原始交换模式,大大阻碍了社会经济发展,这可以说是宝钞失败最大的致命伤。

发行宝钞的失败,迫使明朝廷走回金属货币的老路。明朝从成弘时期开始,白银经历了从官方非法货币到官方默许认可的过渡时期。至嘉靖前期,白银不仅已成为当时流通、支付领域的通用手段,且在国家各项财政收支占据重要地位。与白银货币化随之而来的是“银荒”,此后向海外寻求白银就成为必然。自近代与欧洲各国通商以来,银的供给大部分依赖外国。

陈寅恪先生说:华夏民族之文化,历数千载之演进,造极于赵宋之世,后渐衰微,终必复振。中国古代纸币的发展轨迹正折射出中国古代社会经济的曲折演进,而明朝处于转折节点的关键一环,从宝钞的发展演进便可一目了然。

本书中看到日益老迈内敛的帝国、风雨飘摇的朝廷、精神萎顿的士人、户籍职业世袭的百姓,围绕着一沓沓不断贬值,最终沦为废纸的宝钞,无可奈何却又倔强地挣扎着、尝试着。

也许这就是历史现场，吞噬、淹没着身处其中的一切，蜿蜒、激荡又奔涌向前。

石俊志

2021 年 9 月

序　二

张雪峰博士勤奋好学,博士毕业后与石俊志从事博士后合作研究,他选择了中国古代货币制度作为研究领域,又聚焦于明代宝钞制度的专题研究。我是他专题研究的合作导师之一,对他的研究有一些粗浅的了解。

纸币的发行管控、币值稳定、持续流通是一个国家商品经济繁荣程度与货币制度成熟的标志。中国古代早在北宋时期就开始发行和使用纸币,最早是在民间流通使用的交子，随后是政府正式发行的纸币。北宋时期流通的交子，要比欧洲的纸币早了600余年。然而，中国古代的纸币制度至明代由盛转衰，竟至制度性奔溃，纸币彻底退出了流通领域。目前对明初宝钞制度已有相当广泛的研究，对宝钞制度的崩坏的原因已有较为客观的分析。

雪峰博士的《大明宝钞制度研究》立基于现有研究，首先分析了明朝宝钞的双重属性。承继宋朝以来商品经济发展的趋势，明朝初期在生产要素、赋税徭役、管制处罚等都有货币化的趋势。纸币对于政府而言是发行、流通、管控成本最低的"市场化"治理手段。明朝政府以超越市场的管理者地位，似乎可以主导社会财富的流动方向和流动数量，甚至是通过发行宝钞来"创造财富"。雪峰博士通过较长周期的考察，精辟地揭示了宝钞的"实与虚"。宝钞作为一种纸币具有双重属性，一重属性是实在的，具有商品和财富的价值属性，宝钞的发行数量与币值必然与社会财富总量相对应，从这种意义上讲宝钞不能任意发行，而是应有相应的准备金和本位设置作为保障。宝钞的另一重属性是虚数的，宝钞本身并不像金银贵金属一样，也不比制钱，自身具有实在价值，其面值仅仅是数字符号，不能等同于商品和财富。明朝政府利用宝钞数字化商品和财富的虚数属性，把发行宝钞作为一种便捷的支付手段、财富聚集手段，实现了对社会"数字化"的治理。然而当宝钞的“实与虚”相脱离的时候，宝钞就存在信用风险，当宝钞“实与虚”的背离不断加大，又得不到修复统一的时候，宝钞的信用就不可避免地被破坏了。宝钞背离了“实与虚”的统一时，明朝政府任何强制性修复最终都是徒劳的。

雪峰博士还从大历史的角度分析了纸币制度的发展趋势，又深入分析明代政治经济状况，如其所言：“通过对明宝钞的发行流通及最后全线崩溃，着重关注纸币制度与古代社会经济发展之间的关系，即纸币在怎样的社会经济土壤中萌芽、产生、发展、消亡的。”他没有限于政府的重农抑商政策和商品经济受到诸多阻碍这样简单化的历史分析，而是基于经济分析又不限于经济分析，以明朝钞法为主线索，讨论明朝社会风气、经济状况、生产关系、赋税徭役、保甲编户、人身依附等因素对大明宝钞发行、流通的影响，并据此厘清明朝钞法变迁的基本脉络。“把货币体系作为一个政治经济文化系统现象，从法律制度的视角并放在人类文明史的长河中进行纵横比较研究。”他透过宋元明时期实施的租税、徭役等财政税收制度，分析了农业、手工业、商业人口的户籍、雇佣及人身依附情况的变化，阐释了中国这一时期社会生产关系的样态，辨别各职业阶层的社会地位及自由程度的变化情况，如其所言：“试图为中国纸币出现、发展、兴盛及至消亡的轨迹，找到深层次的内在文化动因。”商品经济的兴衰，不仅系于手工业和商业的发展,更与制度及制度背后深层次的文化价值密切相关。由于“人地位的卑微化,严重损害了独立精神和自由思想,制约了他们的创造力和担当情怀”,各阶层的创造力遭到明王朝的强制管控,使经济维持在低水平重复的再生产状态,缺少持续增长的动力。社会各阶层的积极性和创造力,是推动社会生产力发展的原动力,可以推动社会经济的持续发展。由于明王朝封建专制体系压抑了劳动者的积极性和创造力,使社会发展丧失了动力,也不可能修复滥发宝钞所造成的信用危机。

雪峰博士对明朝宝钞制度的研究,在法律史理论上和现实货币实践中都具有重要启示作用:政府不能只有发行纸币的制度,更应该有节制发行的制度,保持纸币“实与虚”的统一和平衡;在市场中,纸币的“实与虚”的失衡或许是不可避免的,但劳动者的积极性和创造力可以通过推动经济的持续发展来修复纸币的信用危机。

以上是对雪峰博士研究的粗浅理解,权作序言。

张生于北京寓所

2021年10月25日

目录

绪　言

一

北宋仁宗天圣二年（1024 年），四川民间的交子改由政府发行，标志着纸币由中国正式登上历史舞台，揭开中国乃至世界货币史崭新的一页。中国古代纸币的出现比欧洲早 600 余年，之后，南宋、金、元、明各朝都发行了纸币。

明朝太祖洪武八年（1375 年）发行大明通行宝钞，禁止以金银为货币，洪武二十七年禁用铜钱,实行了单一纸币流通制度。但纸币不设本位,不得兑换,无准备金,完全凭空发行,所以发行不久就开始贬值,到了明中晚期虽未废除但形同废纸。英宗正统初年开放用银,宪宗成化元年(1465 年)开放用钱。之后,白银成为主要货币,铜钱成为辅币,而宝钞仅象征性地存在。大明宝钞流通的失败,标志着中国古代国家纸币流通的基本终结。

中国古代纸币发行实践有 400 余年,大明宝钞通行近百年,为后世留下了较为丰富的货币发行制度和管理思想,但其贬值时多,币值稳定时少,最后竟至消亡,其深刻的经验教训发人深思。研究古代纸币制度,特别是通过大历史的视角对大明钞法变迁透视,并与宋金元纸币形态进行对比,有利于我们把握古代纸币的发展脉络,认清古代纸币的本质及与社会经济的关系,正确评价它的历史地位、价值及对当下的借鉴意义。

货币的发展经历了实物货币、金属货币、纸币、电子货币等形式。其背后规律是商品交换和市场经济的推动,遵循由低级向高级的规律。换言之,哪里引领时代大潮,变化就在哪里发生。

中国古代社会文明发达,有强汉、盛唐、富宋这样的盛世,政治开明,社会进步,经济繁荣,文化发达,成为世界政治、经济、文化的中心,长安、洛阳、开封均为世界性的大都市。至北宋,支撑纸币产生的技术手段——造纸术、印刷术均已出现,于是,世界上首张纸币北宋交子便自然孕育而生。

中国古代纸币却没有遵循货币由低级向高级的演化规律,而是出现了曲折乃至逆转。中国古代的社会经济,也曾出现曲折和逆转的发展,秦汉至唐宋发展至顶峰,至元、明、清回落下行。正如陈寅恪先生所说:“华夏民族之文化,历数千载之演进,造极于赵宋之世。后渐衰微,终必复振。譬诸冬季之树木,虽已凋零,而本根未死,阳春气暖,萌芽日长,及至盛夏,枝叶扶疏。亭亭如车盖,又可以庇荫百十年矣。”中国社会经济的这个曲折轨迹与中国古代纸币出现的反复基本相同,这说明纸币的产生和发展需要与之相适应的社会政治经济文化土壤。

历史发展的轨迹是螺旋式上升的,数百年后,当西方列强以船坚炮利从中国东南沿海登陆,再次给我们带来纸币时,才猛然发现,我们已从文明的巅峰跌入了谷底。

叶世昌先生说:“有些学者因为现代的纸币流通制度是货币制度发展的高级形式,就认为单一纸币流通制度是很先进的。这样的以今鉴古不一定妥当。”①那么,中国古代的纸币发展与经济发展有何关系?中国古代纸币是进步的货币形式

① 叶世昌:《论中国古代的纸币》,载《中国经济史学论集》,商务印书馆2008年版,第406页。

吗？如果是，它为什么消亡，为什么没有随明清经济的复苏而复现？因此，本书通过对大明宝钞的发行流通及最后全线崩溃的研究，着重关注纸币制度与古代社会经济发展之间的关系，即纸币是在怎样的社会经济土壤中萌芽、产生、发展、消亡的。

根据马克思主义的观点，生产关系是人们在物质文明和精神文明产品生产创造过程中，形成的社会关系。它是生产方式的社会形式，包括生产资料所有制形式，人们在社会生产中的地位和相互关系，产品的分配形式等。在社会关系中，生产力决定生产关系，生产力最活跃最根本的因素是人。因此马克思很重视人的自由发展，《共产党宣言》中称“每个人的自由发展是一切人的自由发展的条件”。本书通过对中国古代纸币制度的变化，考察唐宋元明等生产关系的租税、徭役等财政税收，农业、手工业、商业人口的户籍、雇佣及人身依附情况的变化，分析中国古代社会的生产关系，辨别他们的社会地位及自由程度的变化情况，试图从中国纸币出现、发展、兴盛乃至消亡的轨迹，找到深层次的内在文化动因。

中国封建社会是以小农经济为基础的，农民是被紧紧束缚在土地上的，不过经过历代土地制度的改革，农民对土地的人身依附则不一样。商周时期的井田制是一种以国有为名的贵族土地所有制。从春秋战国起，土地私有制——包括君主土地私有制、地主土地所有制、自耕农土地所有制等形式——逐渐取而代之，成为中国古代土地制度的基本形态。大土地所有者通过多种途径，特别是通过土地兼并的方式获得土地。随着王朝后期土地兼并，国家税源流失，横征暴敛，失地农民衣食无着，流离失所，铤而走险，爆发起义，政府崩溃，引起翻天覆地的社会大动荡，如东汉末年，“富者田连阡陌，贫者无立锥之地”，酿成黄巾军大起义，这是中国封建王朝一直走不出的怪圈。

随着土地的兼并，自然形成了所谓人身依附关系。在战国秦汉时期，奴隶一般是不能服兵役的，国家军队兵源主要来自自耕农，依附农民主要是从自耕农分化出来，这些自耕农依附有威之门，他们与主人的关系，已经超出了单纯的土地依附范围，而有了人身依附关系，他们的身份实际是农奴。

为了保护自耕农经济，抑制豪强兼并土地，政府常实行“均田”“限田”措施。唐朝实行均田制，国家给成年男子分配土地，60 岁再把土地还给政府。这种制度虽然保证了大多数农民都能有一些土地耕种，但也把劳动力捆绑在土地上，限制了人作为个体创造力的发挥，社会被禁锢在自然经济之中，制约了社会分工特别是工商业的发展。

宋朝不抑制土地兼并，以户籍限制人民的力度较弱，大量剩余的劳动力自由流动，一方面使土地得到集约化经营，另一方面被发达的工商业吸收,宋朝工商业收入第一次超过了农业税,它支撑了宋朝庞大的财政收入,经济的繁荣、社会和进步,反过来进一步推动了人性的解放和自由发展。“两宋时期农民人身依附关系较前有所松弛,但地位极不稳定,今日有田之自耕农,他日可变为佃耕之佃农,或无田可佃之浮民,或为佣工,或为奴婢,或为出卖零散劳力之短工,成为牛客、小客、庄客之类。这种变化不定的身份,是人身依附关系较前代松弛的最直接反映。”①清明上河图繁华的商贸景象及沉没在广东阳江附近的南宋商船“南海一号”的盛况,即是当时社会经济繁荣发展的最好例证。

女真和蒙古入主中原,使官场出现奴化现象,并向社会扩展,促使全社会“人”的地位卑微化。元朝以奴为相,官场流行打耳光;明朝废除宰相,官场流行打屁股(“廷杖”),内阁实则是皇帝的秘书机构,只有建议权并无太多行政权;清袭明制,以南书房、军机处为秘书机构,相权对皇权的约束形同虚设,“士可杀不可辱”的气节荡然无存。

徭役是中国古代百姓因受到强制,不得不向官府或贵族提供的劳作,最早可以追溯至先秦时代。秦汉以降,徭役开始

---

① 王兴文、孙彬、左柏春:《略论两宋时期农民人身依附关系的特点》,载《蒲峪学刊(哲学社会科学版)》1999 年第 1 期。

从重向轻演化。魏晋至隋唐,尤其是唐后期,随着均田制的瓦解,朝廷往往以实物或货币代役,徭役更是弱化。及至宋代,徭役形式越发少见,几乎完全成为战俘或者罪犯的工作。但徭役减弱的趋势,至元朝出现回潮现象。元代实行职业(诸色)户计制度,在对百姓加强控制的同时,盛行全民徭役,除了采用古代派民夫充劳工的模式之外,还让各色不同户计去服劳役:充田役的为民户;充工匠的为匠户;充军役的为军户;充站役的为站户;煮盐的为盐户;另外还有儒户、医户等。职业(诸色)户计制度和全民当差,使百姓不再是编户齐民的身份,而是退化为皇帝或贵族们的奴仆或依附民。

人地位的卑微化,严重损害了独立精神和自由思想,制约了他们的创造力和担当情怀。明朝因袭元朝制度,人的地位不仅没有得到有效的恢复,而且由于明初中央集权的膨胀和文化专制的加强,社会管控更加严格,经济丧失活力,中华文化中"修齐治平"理论进一步流失,"天下兴亡,匹夫有责"的家国情怀彻底衰败,"山中无直树、人间无直人""人无横财不富、马无夜草不肥"等大行其道,奴性的社会使劳动生产力也随之下降,古代中国政治经济逐渐落后于西方国家,中国逐步淡出世界舞台的中心。

二

古代中国没有专门的经济学，经济被称为食货。食货是历史上各朝代官方记录当朝田制、户口、赋役、漕运、仓库、钱法、盐法、杂税、市籴、会计(国家预算)的书面记录。关于中国古代货币经济史，自1900年以来学界一直在不断积累基础性的研究，这些基础性的研究立足于清朝以前开始延续下来的金石学、古钱学，或者20世纪初刚诞生的甲骨学、简牍学、考古学等成果。20世纪30年代，形成以陶希圣、鞠清远、何兹全等为主要代表的“食货派”，他们是以中国社会经济史为研究旨趣的学术团体，注重系统搜集和整理中国古代社会经济专题史料，并以此基础，开辟了中国古代社会经济史研究的新领域。“食货派”研究重点在“食”，对“货”的研究相对较少。

20世纪后半期，随着经济学的建立和完善，对货币经济史的研究领域取得了颇丰的成果，彭信威教授在《中国货币史》一书中以70余万字，将历代货币制度、货币购买力、物价、货币理论、货币史、钱币学、信用机构等内容，组合为一个有机整体，其主要侧重于纸钞制度及其购买力的分析。张家骧主编的《中国货币思想史》，对长达数千年纷繁复杂的中国货币思想史发展历程进行了深入研究，深化了对中国纸币思想史的认识。千家驹、郭彦岗的《中国货币史纲要》，主要从宏观视角论述整个中国历史上的货币的种类及其演变。黄仁宇在《十六世纪明代中国之财政与税收》一书中，于第二章第四节专门论述了货币问题，认为宝钞的破产引起连锁反应，导致了铜钱以及后来税收管理中用银的失败。吴晗的《记大明通行宝钞》，详述了宝钞从发行到最后崩溃的过程及对社会生活的影响。赵轶峰的《试论明代货币制度的演变及其历史影响》，认为明初实行大明宝钞"可以把整个社会的货币流通控制在封建国家手中，进而掌握社会经济命脉。这是明初货币政策的基本出发点"。李曰强的《明初币制改革初探——兼论大明宝钞在明初的积极意义》，立意于明初币制改革的积极意义，从正面评价大明宝钞的文章相对不多，毕竟大明宝钞以失败告终。王玉祥的《明朝钞法述论》，也认为"明朝实行钞法，从统治者主观上讲主要是为了聚敛财富"。赵善轩、李新华的《重评"大明宝钞"》和张彬村的《明朝纸币崩溃的原因》，则从"宝钞的设计及制度已存在先天性的缺陷"方面来探讨其失败的原因。另外，李宪章的《大明宝钞的钞与版》，王俪阎的《大明通行宝钞考》，李坚的《闲谈明代纸币——大明通行宝钞》，曾昌林的《大明通行宝钞纸币浅析》，胡振祺的《明中书省印造"大明通行宝钞"》，李若愚的《从明代的契约看明代的币制》

等,主要从文物考察的角度论述了大明宝钞。

许涤新、吴承明、梁方仲、孙毓棠、全汉昇、朱伯康、石俊志等先生在中国古代经济史的研究中,从赋税制度、国际贸易等视角,对中国古代纸币的研究也取得了令人瞩目的成果。如《梁方仲文集·中国经济史讲稿》卷中,梁方仲在对明代经济史专题研究时专列了《明代钞法(大纲)》,提纲挈领列出了研究思路,该提纲对本书结构提供了重要学术参考。叶世昌的《中国古代的纸币管理思想》,吴华君的《古代纸币与国家财政能力:以南宋为例》,高华云的《中国古代纸币的产生及其兴衰》,高春平的《论中国古代信用票据飞钱、交子、会票、票号的发展演变》,尚琤的《简议宋代纸币流通和其监管法制》,毛良伟、施继龙等的《从〈元典章〉看元朝纸币管理》,郑知民的《元代货币制度衰败与灭亡》,郑晓珊的《试论中国古代食货法的存在及意义》,刘海年的《中国古代经济法制度之研究》,沈萌的《中国古代法制发展的经济基础浅析》,特别是石俊志的《中国古代货币法二十讲》中对货币商品性和信用的论述,让人有醍醐灌顶、豁然开朗之感。

日本学者向来重视对中国史的研究,对中国古代货币史的研究也是著作颇丰,其中包括柿沼阳平的《中国古代货币经济史研究》,高桥弘臣的《宋金元货币史研究——元朝货币政策之形成过程》《金末货币混乱》等,柿沼阳平在《中国古代货币经济史研究的意义和分析视角》一文中详细论述了日本学界对中国货币史研究的现状。这些成果为研究大明宝钞提供了丰富资料和研究基础。

以上著作和论文的观点可归纳为以下几点:

一是中国古代纸币制度的确立与纸币的大规模发行,是货币经济发展下的一个创举,为商品经济发展创造了良好的条件。大规模长时间的纸币发行,为人类留下了丰厚的实践经验和管理思想;如宋开霞在《论中国古代货币文化在世界货币史上的地位》中认为,中国古代货币文化在世界货币史上占有十分突出的地位,表现为历史悠久、创造诸多、制度先进、理念超前及独立的发展、东方的代表等。萧清认为,我国封建社会中长达数百年的纸币流通的实践,充实和丰富了我国古代货币思想的内容,从世界范围看,由于纸币在我国出现得最早,因而我国古代思想家关于纸币方面的理论和见解,也就更显得弥足珍贵了。①

二是封建政府发行纸币的主要目的在于缓解国家财政压力、弥补财政赤字、王室的奢华享用等,因此货币政策往往违背商品经济发展的规律,朝令夕改,强制推行,使纸币沦为政府的财政工具,虽然短期增加了政府的收入,但最终破坏了国

① 参见萧清:《中国货币思想史》,人民出版社1984年版,第8页。

家信用体系，并严重损害了社会经济的持续发展，甚至导致王朝的覆亡。有学者从制度设计的角度反思明代的货币制度，如王玉祥认为，明朝推行的宝钞制度，从统治阶级的角度来看，不是为了克服避免征铜扰民的弊端，更不是为了便民，主要是为了聚敛财富的方便。大明宝钞在颁行后不久，便出现各种问题并迅速趋于崩溃，根源在于这种敛财的动机。① 赵善轩、李新华认为，大明宝钞失败的原因致命伤在于制度上的设计不足，致使宝钞发行过多，特别是在明初政府还未建立公众信心的时候，不愿汲取宋、元为纸币设立准备金制度，滥发纸币，又不愿用称提制度，对超发纸币进行回笼，及时稳定宝钞的币值。② 唐文基认为，明初政府出于财政需要，滥发宝钞引起通货膨胀，导致大明宝钞趋于崩溃。③

三是以史为鉴，建立规范、独立和稳定的货币体制系统，使政府自身无法或无力打破既定的货币规则，通过法制强化货币发行和供给约束机制，约束政府的短视行为和财政扩张冲动，是避免滥发货币导致恶性通货膨胀的根本手段。

---

① 参见王玉祥：《明朝钞法述论》，载《甘肃社会科学》1997 年第 5 期。

② 参见赵善轩、李新华：《重评“大明宝钞”》，载《江西师范大学学报》2005 年第 1 期。

③ 参见唐文基：《论明朝的宝钞政策》，载《福建论坛（文史哲版）》2000 年第 1 期。

研究存在以下问题：一是对中国古代纸币的整体历史地位评价不高，认为中国古代文明虽然发达，但属于“早熟的文明产儿”，生产力水平并不高，自然经济和宗法势力占统治地位，商品经济未得以充分发展；认为纸币是搜刮人民的手段，把纸币的消亡特别是明朝纸币的消失归结为封建王朝的集权统治和统治阶级的横征暴敛。二是中国纸币有400余年的历史，将大明纸币作为一个整体放在这400年背景下进行系统深入研究的并不多，学界前辈基本将之放在中国经济史作为章节来论述。梁方仲先生对大明宝钞的研究提供了一个宝贵的纲目，但由于种种原因并没有对纲目展开详细论述。表现在学术成果上，研究大明宝钞的专著并不多见。三是对明朝纸币崩溃的原因多是从经济方面进行探究，而把它作为一个政治经济文化系统现象，从法律制度的视角并放在人类文明史的长河中进行纵横比较研究的较少。如吴晗将《记大明通行宝钞》放在《吴晗论明史》第三章“世情百态”内，而该书第二章为制度变迁，可见其对宝钞的论述是从社会生活视角切入的。

三

中国是四大文明古国之一,社会经济一直走在世界前列,其丰富的经济管理思想是中华文明优秀文化的重要组成部分。但由于种种原因,我们对中国古代经济思想的研究并不令人满意。本书通过对中国古代纸币制度变迁的研究,希望能看到中国唐宋时期曾处于世界经济中心的地位及社会经济的真实状况,认清唐宋社会进步的根本原因,从而坚定民族的文化自信。

货币的发展历程先后出现了实物货币、金属货币、纸币、电子货币等形式,中国古代纸币比欧洲早产生600余年,但却没有遵循由低级向高级的演化规律,至明朝竟至消亡。中国古代的纸币发展与经济发展有何关系?中国古代纸币是进步的货币形式吗?如果是,它为什么消亡,为什么没有随明清经济的复苏而复现。因此,本书研究的目的是从中国古代纸币消亡的关键时期大明宝钞入手,通过对其钞法的变迁研究,解决以下三个问题:第一,通过对明朝钞法变迁的研究,论证明朝社会风气、经济状况、生产关系、赋税徭役、保甲编户、人身依附等因素对大明宝钞发行、流通的影响,并据此厘清明朝钞法变迁的基本脉络;第二,分析大明宝钞产生、发展、消亡的过程,并以比较研究的视角阐释其变迁轨迹及与宋、金、元三朝纸币制度的异同,揭示中国古代纸币的本质特征和消亡的根本原因;第三,习近平总书记指出:中国的问题要在中国的大地上找到解决办法。通过对明朝钞法变迁的研究,总结历史经验教训,弘扬民族先进文化。

当前我国市场经济发展迅速,货币发行流通量达到空前水平,受全球经济一体化的影响,世界各经济体间贸易壁垒减少、资本自由流动,逐利资本纵横驰骋在世界各经济体因货币政策、财政政策、金融政策、经济发展预期等差异形成的利差中,寻找各种套利的机会。关于货币宏观管理,我们还缺乏超长周期的实证运行经验,如何在市场发展周期的各个阶段采用适当的货币政策,化解货币危机,减少对社会造成的损失和创伤,抑制通货膨胀,实现物价的基本稳定,保证充分就业和经济增长,保障经济快速稳定健康发展,需要我们进一步加强深入系统的研究,而中国古代纸币的管理经验,特别是大明宝钞的失败教训,值得我们借鉴和参考。

美元货币霸主地位来源于1944年的布雷顿森林体系,美元与黄金挂钩是美元霸权的核心。随着世界经济的发展,全球商品总价值逐步升高,金本位已经不能完成货币功能,1974年美元与黄金强行脱钩,进行增发和贬值,布雷顿森林体系全面崩溃。脱钩后不久,美元与石油联系,石油是现代工业的血脉,以美元来结算,形成新的石油美元体系。目前页岩油气等新兴能源兴起,石油在全球贸易中的地位弱化,没有黄金、石油羁绊的美元很难抑制其超发的冲动,其他国家包括新兴经济体的货币更不可能独善其身,在世界货币宽松甚至开闸放水的背景下,人民币该何去何从,世界货币该何去何从?

货币是私有制出现后,为了满足人们的交换和储藏手段而产生的。货币的产生,极大推动了人类的进步,但也加剧了社会的不公。在原始公有制社会,由于生产力水平低下,氏族或部落的人群基本上平均占有生产资料,平均分配劳动成果;私有制出现后,货币的储藏手段可以使 20% 的人占有 80% 的财富;货币资本化后,20% 的人占有世界上几乎全部的财富,剩下 80% 的人成为无产阶级;资本证券化后,20% 的人希望通过虚拟手段占有 120% 的财富,80% 的人负债 20% ,因为后者花的钱都是从前者那里借来的。

货币的资本化、资本的金融化、金融的证券化、证券的虚拟化促使各种金融衍生品层出不穷,1 万元自有资金经过反复打包放贷售卖,可以放大百倍,并撬动 100 万元的资金,社会不公和风险自然大增。货币、资本、金融、证券的本质是信用,无论其外表形式多么复杂,其内在本质基本不变,即各种理财产品不能无限度使用杠杆,资本不能过度脱实向虚,货币的发行要受准备金制约思维的影响。

习近平总书记在庆祝中国共产党成立100周年大会上的重要讲话指出，中国共产党为什么能，中国特色社会主义为什么好，归根结底是因为马克思主义行！马克思主义坚持以公有制为基础，约束货币、资本、证券的逐利冲动，使中国共产党能够始终代表最广大人民根本利益，与人民休戚与共、生死相依。

历史是一面镜子，以史为鉴可以知兴替。本书以明代纸币制度为研究对象，主要涉及法学、经济学、历史学、社会学等领域，通过对明代钞法变迁的研究，特别是社会经济状况、赋税徭役形式、社会生产关系等因素对钞法变迁的影响，管中窥豹，认识中国古代纸币乃至货币发展的本质规律，为当下的货币政策、经济发展乃至社会和谐提供参考和借鉴，也对货币未来的发展趋势进行分析探讨。

第一章　货币的信用特征及纸币在中国的产生

在大多数经济学教材中,普遍认为货币是充当一般等价物的特殊商品,是商品之间的交换媒介,它随着社会分工和商品交换发展而产生。英国古典经济学家亚当·斯密在他的经典名著《国富论》中举例:屠夫肉铺里的肉多于他自己能够吃掉的数量,而酿啤酒者和烘面包者也分别想向他买一些肉。在社会有了初步的分工之后,交换便成为必然。他说,通过交换,诸如苏格兰高地的铁钉之类的商品就成了早期的货币。

但是这种经典的、被大家公认为常识的理论，却在《国富论》出版时，受到了该书编辑威廉・普莱费尔的质疑，普莱费尔认为，铁钉的制造者很穷，不仅需要靠供应商提供制作铁钉所需的原材料，还需要在制作铁钉的过程中靠供应商提供的信贷来购买面包和奶酪，铁钉的制造者因而背负了债务，当铁钉完成时，制造者就会用铁钉来偿还供应商的债务。1913 年，英国经济学家阿尔弗雷德・米切尔－英尼斯发现并赞同威廉・普莱费尔的观点，在《银行法杂志》上发表文章称，亚当・斯密认为自己发现了一种有形的货币，但实际上他发现的只是信贷。[①]

这种观点后来得到了包括著名经济学家约翰・梅纳德・凯恩斯、L. 兰德尔・雷和著名人类学家戴维・格雷伯的认同。格雷伯认为，以物易物是陌生人之间的交易，而与熟人交易，如果以物易物，可能意味着你的信用的缺失，熟人之间为什么不靠信用达成交易呢？货币一词源自拉丁文 *charta*，意为票、券。货币名目论认为，货币本身并没有内在的价值。从中可以看出货币是一种非商品的象征。[②] 所以格雷伯认为，以信用

---

① 参见［美］卡比尔・塞加尔：《货币简史》，栾力夫译，中信出版集团 2016 年版，第 75 页。

② 参见［美］卡比尔・塞加尔：《货币简史》，栾力夫译，中信出版集团 2016 年版，第 110 页。

为特点的债务早于带有商品交换属性的货币的出现,至少两者是同时发展起来的。

货币和债券的出现孰先孰后,不是我们讨论的重点,但至少说明,货币、债券、信用三者之间联系非常紧密,而最早把三者融合起来的,是中国古代的纸币。

一、铜钱作为法定信用货币的局限与历朝政府的金融创新

《易·系辞》载,神农氏时:"日中为市,致天下之民,聚天下之货,交易而退,各得其所。"《世本》说:"祝融作市。"《尸子》说:尧时"宫中三市"。这些记载都说明我国早在夏以前就有交换和贸易的场所"市"了。

有了交换和贸易不等于有了货币,中国古代货币究竟具体产生于何时呢?《汉书·食货志》载:"凡货、金钱布帛之用,复殷以前其详靡记云。"意即殷以前的货币,史书已无记载。早期充当这种相对固定的一般等价物的特殊商品,本身普遍具有较高的使用价值。从出土文物看,这一时期充当货币的多为珠玉、龟贝、粟帛等物。如汉字中凡与钱财有关的,往往包含"贝"字,如财、货、赠、赚、贾、贷、贵、费、负、赊、贡、赞、赏、

赔、赋、贩、赁、赢、贯、贼、贫、资、赀、贪、赈、贯、购、贮、账、贿、買(买)、賣(卖)、寶(宝)等,这说明我国上古时期,人们在观念上把钱财与“贝”联系起来了。司马迁在《史记·平准书》中提到夏朝曾使用“龟贝”作为货币。

“贝”的货币单位是“朋”,相传两贝一朋,或五贝一朋,或五贝一系,两系一朋。“朋”引申为朋友,可见“朋”是以利益为基础的关系,所谓朋党的说法。而“友”则和“朋”不同,甲骨文顺着一个方向的两只手为“友”,表示以手相助,故同门曰朋,同志曰友。随着冶金业的发展,金、银、铜、铁等金属货币逐渐兴起,《盐铁论·错币》中记载了西汉一个叫桓宽的话:“教与俗改,币与世易,夏后以玄贝,后世或金钱刀布。”

西周推行井田制,百姓基本自给自足,商品经济不发达,货币需求量不多。《汉书·食货志》记载了周时期的货币制度,如“太公为周立九圆法,黄金方寸,而重一斤;钱圆函方,轻重以株;布帛广二尺二寸为幅,长四丈为正”。① 这说明周朝以制度的形式确立了黄金、铜钱、布帛三币并行的货币体系,对不同材质的货币的形制、重量等作出明确规定。

---

① (东汉)班固:《汉书》卷二四《食货志下》,中华书局1962年版,第1149页。

1. 秦半两减重及布币入市，将铜材置换出来，实现了富国强兵一统天下

春秋战国是社会大变革时期，商品经济的发展导致对流通货币需求的增加，加之冶金技术的提高，为大量铸造金属货币提供了技术支撑。由于周王室的衰落，诸侯各自为政，经济也自成体系，货币铸造种类繁多，形成了多币制、多币型长期共存并用的局面，可归纳为四种主要类型，即以黄河中游魏国为中心的布币流通区，东部沿海以齐国为中心的刀币流通区、南方楚国蚁鼻钱流通区及楚国以处圜钱交叉并行流通区。

秦国基本上属于布币区，圜钱的形制早期是圆形圆孔，至战国晚期转变为圆形方孔钱——秦半两钱。由于秦半两钱轻重适宜，便于携带，加之秦并六国，一统天下，所以圆形方孔的形制一直延续至汉唐明清，其间虽经多次改革，但基本上是在秦半两钱之基础上进行的。

随着春秋战国时期货币量的增加，对货币规范的立法随之而起。1975 年，湖北云梦睡虎地秦墓中出土的秦律竹简，载有《金布律》，即为中国古代早期的货币立法。西汉初期颁布了《钱律》，有《金布令》，《汉书·萧望之传》注："金布者，令篇名也。其上有府库金银布帛之事，因之名篇。"

《金布律》第 1 条规定："官府受钱者，千钱一畚，以丞、令印印，不盈千者，亦封印之。钱善不善，杂实之。出钱，献封

丞,令,乃发用之。百姓市用钱。美恶杂之,勿敢异。”①

《金布律》的这条规定是针对秦当时流通的半两钱而言的,即官府收到的钱币,无论大小轻重,质量好坏,混杂在一起,以官印封缄,等价流通,而百姓不准对好坏钱币进行选择,必须一律接受。

《史记·秦始皇本纪》载,“惠文王生十九年而立。立二年,初行钱”,②即公元前336年,商鞅死后的第2年,秦国首次统一铸钱。同时废除刀、布、圜、蚁鼻等各类铜钱的流通。商鞅变法规范了秦国的计量单位,为货币标准化打下基础。秦国铜钱的货币单位采用“两”,根据秦国度量衡,二十四铢为一两,铜钱重量为十二铢,所以铭文“半两”。

根据考古发现,秦惠王二年铸造的半两钱重量确实达到十二铢。但秦惠王以后不到30年的时间,半两钱的重量就出现了明显降低。公元前221年,也就是秦并天下的时间,半两钱的重量已降至八铢。所以《金布律》规定百姓用半两钱交易,无论轻重大小好坏,必须以同等价值予以接受。

秦铜币既然名为“半两”,又不足值,秦律为何还要强行百

---

① 睡虎地秦墓竹简整理小组:《睡虎地秦墓竹简·金布律》,文物出版社1978年版,第55页。

② (西汉)司马迁:《史记》卷六《秦始皇本纪》,中华书局1959年版,第289页。

姓接受呢？原来，铜钱是朝廷发行的，铜不仅是重要的生活物资，也是珍贵的战略物资。统治者为了减少成本，创造更多的货币，自然就在铜钱减重上做文章。所以秦半两钱越铸越小，质量越来越差，出现了大小钱混合流通的局面。从另一个角度解释，由于铜钱本身具有的价值越来越弱，要让老百姓接受它，背后必须有强大法律——国家信用作保证，所以《金布律》第1条即规定“百姓市用钱，美恶杂之，勿敢异”。

中国古代的货币可以分为两种，一种是非法定货币，另一种是法定货币。法定货币又分为两类，一类是非信用法定货币，另一类是信用法定货币。如周朝规定黄金、铜钱、布帛三币并行的货币体系，这三种货币都是法定货币，行使货币职能。非信用货币依靠其本身的价值行使货币职能，在交易使用时须称量，所以又称称量货币，如黄金、白银等。① 信用货币依靠发行者的信用行使货币职能，在交易使用时无须称量，按照其面文所写的名义价值使用，所以又称为非称量货币，其代表是铜钱和后来出现的纸币。

《金布律》在第3条、第4条载，“钱十一当一布，其出入钱以当金、布，以律”；“贾市居列者及官府之吏，毋敢择行钱、

---

① 参见石俊志：《中国古代货币法二十讲》，法律出版社2018年版，第6~7页。

布”。这说明秦法定货币有金、钱、布，实行的是三币并行流通的货币体系，不同币种之间按照比价可以交换。只要符合法定规格，在交易过程中任何人不得有选择地使用，否则，无论是当事人还是官吏均有罪。秦以后，各王朝均以法律的形式，对货币流通作出严格的规定，如1984年，在湖北江陵张家山汉墓中发现的汉律竹简《二年律令》记载：“敢择不取行钱、金者，罚金四两。”意思是，拒绝接受铜币或黄金的，要罚四两。这在当时算是很重的处罚了。[①] 中国古代通过铜钱立法赋予了铜钱信用货币的性质，使各王朝能够在铸造铜钱的过程中通过减重的方式，扩大信用发行，充分利用铜材，增加货币流通量，实现其货币政策目标。[②]

在冶金业不发达的古代社会，经济发展需要一定量的货币流通，而铜钱的减重是有限的，黄金来源的扩大更是不易，于是秦王朝命令百姓织布造币，以扩大货币流通量，并将铜材置换出来，用于制造战争所需之兵器装备等。

《金布律》在第2条中载：“布袤八尺，幅广二尺五寸。布恶，其广袤不如式者，不行。”对布币的质量、形制作出了严格

---

① 朱红林：《张家山汉简〈二年律令〉集释》，社会科学文献出版社2005年版，第134页。

② 参见石俊志：《中国铜钱法制史纲要》，中国金融出版社2015年版，第3页。

规定,布的质量不好或大小不符合法定标准,不得作为货币流通。

钱币和布币同为货币,但《金布律》对他们的规定却大不相同,甚至可以说差别迥异:铜钱质量好坏不影响其流通,而布质量不好就不能充当货币。其根本原因就是因为铜钱属法定信用货币,由政府发行,减重获得的利润自然归政府所有;而布币虽然亦属法定的信用货币,但由百姓织就,即使大量布币涌入市场,扩大了货币流通总量,解决了铜材和黄金不足的问题,使秦国实现了富国强兵吞并六国,但政府并不能借国家信用攫取利益。于是秦始皇统一中国后,进行货币改革时,规定,"币为二等,黄金以溢①为名,上币;铜钱质如周钱。文曰'半两',重如其文。而珠玉龟贝、银锡之属,为器饰宝藏。不为币"。对比《金布律》,可以看出,秦始皇在进行货币改革时,从法律上取消了布作为货币使用。

2. 从秦半两到汉五铢,发行白鹿皮币,缓解了汉匈战争造成了财政危机

汉朝初年,因为连年战争的破坏,物资奇缺,《史记·平准

---

① "溢"为黄金计重单位,秦以前称益,秦统一度量衡,确定益为二十四两,秦尚水德,改"益"为"溢"。汉初货币减重,改益为十六两,应"劉"汉金字,再改"益"为"镒"。十六两为一斤(金),一直延续至辛亥革命。参见石俊志:《中国古代货币法二十讲》,法律出版社2018年版,第28页。

书》载:“天子不能具钧驷,而将相或乘牛车,齐民无盖藏。”说明当时社会非常贫困。执政者以为货币的购买力是不变的,只要增加货币供应量,国家和人民的财富便会增加,于是中国历史上第一次大规模的货币减重行为出现了。因为此时的法定货币已由黄金、铜钱、布币三币转为黄金和铜钱两币,所以减重主要针对黄金和铜钱。黄金一益由二十四两减为十六两,减轻了1/3。但黄金是法定非信用货币,政府减重并无利可图,加之黄金也非当时普遍流通的货币形式,所以政府把减重放在铜钱上。秦十二铢半两钱在吕后二年根据官方的标准减为八铢半两钱,也是减轻1/3,但一些小半两,仅外形和铭文酷似半两,实则只重一铢左右。这自然造成了严重的通货膨胀,《史记》和《汉书》都记载了当时物价飞涨的现象,米价涨到一石五千、一万,马价涨到一匹百金。这种情形到文帝时期慢慢恢复。

至汉武帝时期,为了应对汉匈战争造成的财政危机,减轻经济压力,武帝依靠大臣张汤采取虚币敛财的政策,发行白鹿皮币和白金三品、三铢钱、五铢钱等。汉武帝连年对匈奴用兵,战争耗费大量物资,文景之治积累下来的财富很快用尽,为解决国家财政困难,汉武帝杀死皇家苑囿养的鹿,剥取鹿皮制成白鹿皮币。皮币一尺见方,绘有彩图,以衬垫玉璧,并规定王侯宗室拜见皇帝或举行其他重要仪式时使用。皮币不能说是实物货币，因为方尺的鹿皮，没有什么使用价值，而玉璧仅值几千钱，摇身变为“白鹿皮币”却价值40万钱，其实际价值远低于名价，和后来的纸币性质相近。[①] 武帝为了解决匈奴的问题，将皇家圈养的白鹿杀掉，可见其决心之大。

元鼎四年（公元前113年），西汉王朝废除各种钱币，新铸的上林三官五铢钱被指定为唯一合法的钱币，半两钱彻底退出流通市场，五铢钱制度从此正式确立了。

铭文“五铢”的铜币流通了几百年，至汉末由于董卓铸小钱引发严重通货膨胀，五铢钱从此衰败。东汉后期到魏晋时期，中国历史由古代社会进入中世纪时期。[②] 这一时期由于北方游牧蛮族占领中原，战乱频繁，人口锐减，土地荒芜，经济衰落，整个魏晋南北朝时期比起战国秦汉一落千丈。中原地区昔日繁华的城邑基本成为一片废墟，黄河流域到处是坞堡组织（也称垒壁），原来的自由民和奴隶向依附民转化，坞堡主组织这些依附人口占有附近的土地，组织生产。坞堡作为堡垒，军事作用大于经济地位。都市文明消失了，历史回复到自给自足、相对封闭和愚昧无知的乡村社会，商品经济退化到可有可无的境地，铸币基本消失。实物如谷帛逐渐取代黄金、铜钱

---

① 参见彭信威：《中国货币史》，上海人民出版社2007年版，第428页。

② 参见何兹全：《何兹全文集·中国古代社会》，中华书局2006年版，第1557页。

成为主要货币。五铢流于名目而非实际，一直行至唐中叶。玄宗天宝以后，谷帛为币才又渐渐为钱币所代替，至此，实物货币使用了五六百年。①

3. 纪重钱制度的结束及“飞钱”的出现，货币信用属性增强，商品属性减弱

唐朝建立后，为了稳定经济，恢复生产，需要一种全新的钱币体系来巩固新生政权，于是在唐高祖武德四年（公元621年）开始铸行开元通宝，开元通宝宣告了中国古代纪重钱制度的结束，开创了非重量标注的铸币，如“元宝”、“通宝”或“重宝”这类写有年号、国号或吉利语的钱币，铜钱流通的特点和规律也随之出现了新的变化。钱币重量钱文的消失，说明由于政府信用支撑货币的流通，货币信用属性进一步增强，而商品属性进一步减弱，故不再需要把货币重量标注于币面。但是，铜钱仍然具有法定的重量，唐初法律规定十枚铜钱重量为一两，这个规定直至清朝灭亡，始终没有发生根本性的变化。

自秦半两、汉五铢，至唐通宝钱，钱币因为减重，其实际重量和铭文重量相差越来越大，货币的商品属性部分被信用属

---

① 参见何兹全：《何兹全文集·中国古代社会》，中华书局2006年版，第1611页。

性取代，货币的政府“信用性”或财政性日渐突出，重量的标注成为商品货币性质的残余，以保障货币足值性，使通过标注重量以查验其足值与否变得毫无必要。但由于铜币金属材质的限制，黏合在铜币上的商品性和信用性这对矛盾永远无法解决。

盛唐疆域辽阔，社会富庶，政治清明，万国来朝，陆上和海上的丝绸之路兴旺发达，唐都长安百万人口中约10万是外国人，发达的商业，繁荣的贸易，直接导致了钱不够用的局面，为了缓解“钱荒”，唐朝政府想了很多办法，如不准铜钱外流，禁毁钱，限蓄钱，禁用铜器等，但货币的供应仍不能满足市场的需求。

为了应对“钱荒”的局面，唐中期，一种新兴的金融创新产品“飞钱”应运而生。在长安做生意的商人把货款存入本道进奏院（驻京办事处），进奏院为商人开具一张票券，上面记载姓名、钱数和日期等信息，分成两半，半张寄回当地，半张交给商人。商人凭半张票券在异地兑换现金，进奏院则用商人送存的款项向中央政府交纳赋税，可谓公私两便。“飞钱”和今天的汇票相似，是异地汇兑的信用凭证，大大减少了将笨重铜钱来回搬运的现象，一定程度上缓解了“钱荒”的局面。后来“飞钱”由官方经营，在市场上流通转让，发挥有限的货币作用，成为朝廷解决货币危机的重要手段，“飞钱”虽然算不得真正意义上的纸币，却标志着货币商品属性和信用属性分离进程的开始，是纸币的雏形和预演。

4. 造纸术和印刷术的出现，为即将到来的金融创新——纸币的出现作好技术准备

电子货币的出现，离不开网络和手机。没有造纸术和印刷术，纸币的出现是不可想象的。

东汉造纸术已经出现，唐朝的雕版印刷术也已孕育，这两项被纳入中国古代四大发明的科技，为即将到来的金融创新、法定信用货币的更高一级形式——纸币的出现，作好了技术准备。

造纸术是纸币最重要的技术支撑。美国学者麦克·哈特在《影响人类历史进程的100名人排行榜》中评价蔡伦时说：“今天，纸张成了我们司空见惯的东西，我们很难想象，如果没有纸，世界将会怎样。”

造纸技术环节众多，其发展和演进的过程，绝非一人之功，是中华民族集体智慧的结晶，而在这场对造纸技术的革命中，东汉宦官蔡伦因居功至伟而留名青史。

据史载，造纸术在西汉时已经产生，强汉内圣外王，政治稳定，疆域辽阔。为降低国家管理行政成本，便利思想文化的传播，纸作为新的书写和传播材料应运而生，但那时的纸质地粗糙，数量少，且成本高，不普及。东汉元兴元年（105年）宦官

蔡伦总结以往的造纸经验,对造纸技术进行革新,使造纸的成功率更高,成本更低,这种纸原料容易找到,又很便宜,质量也提高了,现在造纸工艺基本在那时已经奠基。

蔡伦(? ~121 年),字敬仲,东汉初年出生在桂阳郡(湘南粤北一带,据考桂阳郡治郴县、耒阳县有可能是蔡伦故里)大凑山①下一个从事冶铸的铁匠世家。小时候,蔡伦在大凑山麓一处被称作石林的乡学启蒙读书,习《周礼》,读《论语》,少年蔡伦已经是满腹经纶,很有才学,并且对冶炼、铸造,种麻、养蚕很感兴趣。桂阳郡太守卫飒设置铁官,蔡家借冶铁身份与朝廷官员有了紧密的联系。

以上史料告诉我们:蔡伦祖上是打铁的,小时候接受了良好的教育,蔡家与官府关系不错……用现在的眼光来看,铁匠只不过是社会下层的普通匠人,何以能和优质教育资源,官府关系网联系起来?

如果再看一名优秀的铁匠后代,也许有助于我们理解,古代铁匠究竟是什么职业。此人乃大文学家、大史学家司马迁。

按照司马迁自己的说法,其高祖司马昌是秦主铁官。春

---

① 桂阳大凑山,最早为露天铁矿,至少在战国时期就已开采。汉代金官的设置就是依托大凑山,掌金、银、铜、铅、铁五色之金等多金属矿产的开采与冶铸。宋代起,有“宝山”之称,仁宗庆历中桂阳判监章(单人旁加先)的《烹丁歌》:“某生不幸生北乡,南去宝山七十里。”

秋战国,兼并战争异常激烈,冶炼技术代表一个国家的兵器水平,影响着军队的战斗力,决定着国家的生死存亡。秦相李斯是法家的代表人物,在这么关键的部门是绝不允许外行领导内行的。之所以遴选司马昌为秦主铁官,是因为司马昌掌握着超群的铸铁技能和铁业管理经验,而司马昌高超的铸铁技艺和经管能力,盖因司马昌是中山国相邦司马赒家族的传人。

唐嘉弘在《先秦史新探》中说:“中山国以有丰富的铁矿藏著于当世。”迄今发现的保存最久远的铁器出土于藁城台西商文化遗址,表明中山地域的冶铁历史久远。《吕览·贵卒》中说:“赵氏攻中山,中山之人多力者曰吾丘鸠衣铁甲、操铁杖以战,而所击无不碎、所冲无不陷。”这表明中山已率先把铁器用于军备,且表现出极强的战斗力。

中山王墓出土的铜方壶铭文载明:“佳(唯)十四年,中山王昔命相邦赒择郾(燕)吉金,铸为彝壶,节于礼齐,可法可尚,以飨上帝,以祀先王。”证明司马赒是中山国当时的冶铸业总管,其无论是在选料、造物,还是在经管能力诸方面均应有着较高造诣。

此外,从中山地域的出土器物和炼铁遗址弃物看,中山国铜器不仅造型美观、设计精巧非他国可媲美,而且中山人还掌握着当期先进的铸铁柔化技术、块炼渗碳技术和添加骨质催化媒以降低铁矿石熔点的冶炼技术等，铁器的硬度和韧度可随意掌控，这是铁器得以广泛应用的关键技术，说明在司马赒的主导下，中山国的冶铸业无论是在技术上还是在艺术水平上都引领时代之先。

司马迁在其《货殖列传》中罗列了郭纵、卓氏等四五个冶铁名家，他们靠着"商贾之利"发家致富，有的"与王者均富"，有的"富至巨万"。而作为中山国主铁官司马家族的传人，司马昌主铁秦国，为秦并六国立下不朽业绩。

古时冶炼技术几乎代表了社会科技发展的水平，如青铜时代，黑铁时代。由此可见蔡伦铁匠出身，表明其家族从事冶铁业，代表着古代先进生产力的冶炼技术。用现在的话表述就是，蔡家从事高科技行业，几乎和做芯片一个意思。在这样的家庭背景下，奠定了蔡伦对造纸技术改良的重要基因。

蔡伦 18 岁以后，由京城到桂阳管理调运采冶铸铁的官员推荐，进皇宫做了宦官。这一年，是汉明帝永平十八年（公元 75 年）。汉和帝即位时（公元 89 年），蔡伦升迁为出入朝廷、侍从天子的中常侍，豫参帷幄之中，成为传达诏令、掌理文书、参预朝政的高等宦官。永元九年（公元 97 年），由中常侍"加位尚方令""监作秘剑及诸器械"。永初元年（公元 107 年），蔡伦被封为龙亭侯，封地有三百户人口，后来担任长乐太仆（官职名）。建光元年（公元 121 年），蔡伦因宫廷争斗牵连被治罪,他耻于受辱,沐浴后穿戴整齐,服毒而死。

尚方是主管皇宫制造业的机构,在皇宫的作坊里,集中了天下的能工巧匠,代表了那个时代制造业的最高水准,解决的也是皇室或国家最需要、最紧迫的科技攻关任务。尚方令这个职务为蔡伦参与国家科技创新提供了一个极好的平台,他的个性、爱好以及他在工程技术方面的过人天资,在这个工作岗位上得到"井喷"式的展现。

"尚方宝剑"就是尚方制作的宝剑,不仅代表着那个时代冶炼技术的最高水平,也成为最高权力的象征。尚方制作的刀剑等器物,"莫不精工坚密,为后世法"。蔡伦发挥世代为铁匠的传统,推动技术创新,使冶炼达到极高水准。晚蔡伦三四十年的崔寔在《政论》中写道:"有蔡太仆之弩,及龙亭九年之剑,至今擅名天下","蔡太仆""龙亭",指的都是蔡伦,他已成为兵器"品牌"。

汉先进的冶金技术,使汉军兵器领先世界,支撑了中华民族的第一个帝国时代①——强汉在世界上的崛起。汉朝先进的冶炼技术不仅全面领先游牧民族,对其他农耕民族也是首创,汉军装备的主战兵器环首刀自然也领先世界。环首刀身

---

① 历史学家黄仁宇将中国古代历史发展的主体分为三个帝国时代:秦汉帝国、隋唐宋帝国和明清帝国。

直而细，单面开刃、脊宽厚，柄首有环，以防刀柄脱手，故得名。侧面有稿线或大血槽，有利于加强刀身的强度，并给包钢提供空间——包钢是在刀身内部保留空间，包进软铁，使刀身刚柔相济，压弯后即刻可弹回原形。环首刀可长达一米有余，而匈奴用的弯刀最长不过七八十厘米。汉将陈汤曾对汉成帝说："夫胡兵五而当汉兵一，何者？兵刃朴钝，弓弩不利，今闻颇得汉巧，然犹三而当一。"环首刀经过无数次的血战考验，成为当时东亚刀最优秀的代表。所以陈汤放言："明犯我强汉，虽远必诛！"

为蔡伦带来终身成就的，是他对造纸术——这个东汉皇家"一号科技攻关"工程的重大贡献。

人类发明文字之后，迫切需要找到一个很好的书写传播载体。古代埃及人利用尼罗河的纸草；古代欧洲，人们长时间利用动物皮，如羊皮书写文字；中国在造纸术发明以前，甲骨、竹简和绢帛都被用来当作书写、记载的材料。据说秦始皇一天光阅读奏章，就是整整一车竹简；绢帛虽然轻便，但是成本非常昂贵，也不适于书写。汉朝国家疆域辽阔，经济文化发展迅速，这些书写材料均已不能满足社会发展的需求，为了降低国家管理的行政成本，适应思想文化的快速传播，造纸术的发明和改良提上历史日程。

作为一项伟大的发明，蔡伦的造纸术可以发表几十篇论文、出版十几部专著、培育数十位大儒。但史书记载却十分吝啬,用树皮、麻头及敝布、渔网等为原料,经过挫、捣、抄、烘等工艺制造的纸,轻薄柔韧。元兴元年(公元105年)蔡伦向汉和帝献纸,得到皇帝的赞赏,朝廷各官署、全国各地都视作奇迹,把这种纸称为"蔡侯纸"。

纸的发明和推广,使汉字得以迅速推广至中华大地乃至东亚一些国家,演变成为世界保存最完好的古老的象形文字。而古埃及、赫梯、苏美尔、印度、印第安的玛雅人用的象形文字,要么泯没在历史的长河中,要么逐渐演化为表音文字,汉字的象形特点塑造着中国人的性格特征和思维方式。蔡伦的造纸术沿着丝绸之路经过中亚、西欧向整个世界传播,为世界文明的传承和发展贡献了不可磨灭的力量。

唐朝出现雕版印刷术并迅速推广,至宋出现活字印刷术,随之兴起的印刷业,又大大促进了造纸业的发展,纸的产量、质量都有提高,价格也不断下降,各种纸制品普及于民间日常生活中,在书画、印刷和日用等方面用途日广。

造纸术和印刷术的出现,是中国科技领先世界的标志,为我国最先在世界上发行纸币奠定了技术基础。

二、纸币的出现实现了货币商品性和信用性的首次分离

中国是最早出现纸币的国家。1661 年,当欧洲最早的纸币在瑞典发行时,距北宋王朝 1023 年发行的纸币——交子已相隔 600 余年。

中国正式使用纸币以前,政府或为了缓解财政压力、或为了解决钱荒等问题,除了对铜钱减重,允许布币入市流通外,已经几次发挥政府信用,运用纸币的原则进行了金融创新,如武帝时期的"白鹿皮币"和唐代的"飞钱"就是其中典型的代表。

北宋的统一结束了中国长达半个多世纪军阀割据混战的局面,生产力得到恢复和发展,社会经济的发展和工商业的日益繁荣,对货币提出了更高的要求,不但需要更多的通货,而且需要更轻便的通货。但是宋朝从开国起就面临货币供给不足的局面,且由于原来军阀割据等原因,货币流通亦被地域分割成细碎小块,以至于彭信威认为,如果单从货币角度来看,宋朝几乎称不上统一过。宋初,太祖颁布了禁止铜钱流出境外的法令,并禁止铜钱进入四川,以至于四川铜钱缺乏。为缓

解“钱荒”,965 年,宋在雅州设置钱监铸行铁钱,使铁钱成为主要流通货币。铁钱既笨重,又易于私铸,流通使用不便,影响商品贸易的发展,这直接催生了交子的产生。

北宋景德二年(公元 1005 年),益州(今四川成都)地区的民间商会,开始用交子作为丝麻稻麦等商品的兑换凭证进入流通市场。交子开始发行时,无固定的时间、限额。后来,发行者对发行人户作出调整和限制,选择了 16 家财力雄厚、信用较可靠的富商为交子的发行者。《续资治通鉴长编》载:“蜀民以铁钱重,私为券,谓之交子,以便贸易,富民十六户主之。”但由于私人公信力缺乏,加之铺户从中渔利,以至于“奸弊百出,狱讼滋多”,不久即发生了信用危机和挤兑风潮。

李攸记载:收入人户见钱便给交子,无远近行用,动及万百贯。街市交易,如将交子要取见钱,每贯割落三十文为利。每岁丝蚕米麦将熟时,又印交子一两番,捷如铸钱,收买蓄积,广置邸店屋宇园田宝货。亦有诈伪者,兴行词讼不少。或人户众来要钱,聚头取索印,关闭门户不出,以至聚众争闹。官为差官拦约,每一贯多只得七八百,侵欺贫民。①

在这种情况下,宋仁宗天圣元年(公元 1023 年),仁宗皇帝决定由国家垄断发行官交子,下令设益州交子务,改发新交

---

①　(宋)李攸:《宋朝事实》卷一五《财用》,中华书局 1955 年版,第 134 页。

子。第二年,世界上首张纸币——官交子正式诞生。

官交子的发行制度仿效私交子,但比私交子管理更为完善,它以楮纸为原料,用红、青(蓝)、黑三色铜版套印,纸幅长16厘米、宽9.1厘米,有固定面额,上半部印“除四川外许于诸路州县公私从便主管并同见钱七百七十陌流转行使”等共29个字,下半部印有3人在屋外搬运货物图案,密码花押并加盖本州州印,只允许在四川流通。政府备有相应铁钱作准备金,于成都府务设兑现机构,随时可以兑现。交子发行有限额、3年为一界,期满即以新换旧,利润统一归交子务。

交子已基本具备了近代本位货币的特征要素,初期发行量和币值均较稳定,流通效果良好,其间币值稍有波动,政府即以增加准备金或以铁钱回收的方式稳定币值,维持了良好的信用。

世界上首次发行的纸币交子在中国的北宋王朝出现,这让很多人费解,传统的历史教科书认为宋朝是一个“积贫积弱”的朝代,拥有“土豪金”身份的世界首张纸币应该诞生在太平盛世才对,为什么偏偏选择了一个没落的时代呢?

英国著名的历史学家汤因此曾经说过:“宋朝是最适宜人类生活的朝代,如果让我选择,我愿意生活在中国的宋朝”。美国学者伊尔文在《历代中国的模式》一书中也认为,宋代是人类“现代社会的开端”。他们都和交子一样,对大宋文明情有独钟。

所谓积贫积弱，意思是长期积累造成极度的贫困和弱小。从北宋初年（公元 980 年）到明代，中国人均 GDP 在较高水平上波动，通过国际比较发现，北宋中国生活水平世界领先。英国经济学家麦迪逊估算宋朝大约占世界 GDP 总量的 23%。李稻葵通过考察麦迪逊的算法，认为麦氏低估了宋朝 GDP 占世界的份额。① 可见“贫宋不贫”。

同样地，“弱宋也不弱”。北宋亡于女真，南宋被蒙古所灭，但南北宋加起来有 300 余年，这样的朝代在中国历代王朝中也不算短命了。再说当蒙古人横扫欧亚草原时，有哪些国家顶住了他们的铁骑？

站在《清明上河图》前细细揣摩，会不胜感慨，赵宋确实是适合居住的时代。图中住宅与商铺错杂相间，小贩沿街叫卖，宋代商业的繁荣冲破了唐时封闭式管理的坊市制度。宋朝的矿冶、造船、陶瓷、纺织、造纸、染院、酒务、磨坊、茶磨等各业均欣欣向荣，这些手工业场雇佣的工匠，多者达数千上万人。信州铅山的一个铜铅矿就雇有十余万矿工；梓州有机织户数千家，许多机户还雇佣有织工；徐州附近有 30 多家民营矿场，每

---

① 参见金星晔、管汉晖、李稻葵、Broadberry Stephen：《中国在世界经济中相对地位的演变（公元 1000—2017 年）——对麦迪逊估算的修正》，载《经济研究》2019 年第 7 期。

个矿场都雇佣百余名矿工；四川民营开凿的“卓筒井”制盐，“豪者一家至有一二十井”，“每一家须役工匠四五十人至三二十人者”。

作为一个传统的农业大国，对大量小自耕农直接征收农业税一向是国家统治的基础，而宋朝工商业收入第一次超过了农业税，支撑了宋朝庞大的财政收入。司马光曾说：“世风日下，贩夫走卒皆着丝袜。”宋朝一个普通老百姓比欧洲封建主的生活质量还要好，得益于整个社会生产力的提高。除发达的工商业外，宋朝的政治、科技、文化、娱乐、学术、数学等均领先世界，这为纸币的出现奠定了丰厚的经济土壤。

至崇宁、大观时期，由于宋金战争军需大增，政府增发交子以缓解财政开支，造成通货膨胀的现象，宋廷于崇宁三年(1104 年)，皇帝诏令，第 41 界至第 43 界交子不再收兑，交子流通遂停止。

宋徽宗大观元年(1107 年)，四川政府将交子务改称钱引务，大观三年(1109 年)，第 44 界交子改称钱引发行，钱引取代交子。钱引是宋代流通时间最长的纸币，因此在中国古代纸币史上有很大影响。有了交子发行流通的经验，钱引以 50 万贯钱作为发行准备金，加之宋王朝对钱引发行流通干预较少，所以钱引新旧相因，收兑正常。

南宋高宗绍兴年间(1131～1163 年)，由于战乱不断，为了筹措军费，至钱引发行量居高不下，出现贬值现象。孝宗乾道至宁宗庆元年间，政府调整钱引发行方式，稳定其发行量，才使其币值稳定下来。1206 年，宁宗开禧北伐，再次大量发行钱引，造成币值的急剧下跌，钱引无法正常兑界导致信用丧失，理宗宝祐四年（1256 年），钱引退出流通领域，被新发行的纸币会子取代。除交子和会子外，南宋绍兴元年（1131 年），政府为婺州屯兵筹措军费，还发行过关子，关子类似于现在先付款后取货的贸易凭证，商人用现钱在婺州换取关子，然后到设在临安的榷货务兑换铜钱或盐引、茶引等。

如果交子、钱引、关子都是地域性的，绍兴三十一年（1161 年），设在临安的“行在会子务”开始发行会子，这是真正意义上首次由中央政府向全国发行的纸币。会子形状为长方形，红、蓝、黑三色铜版印刷，票面上标明发行机关“行在会子库”，原来只有一贯一种面额，后来又增发二百文、三百文、五百文数种。与交子、钱引、关子相比，会子因由中央政府发行，发行规模大，流通区域广，品种相对齐全，作为国家纸币的作用和特征更明显。会子虽然以十万贯铜钱为准备金，是由政府法律保障的法定纸币，并且由官方制定和铜钱之间的兑换比价，但由于没有设置兑现机构，也没有对纸币随时可兑现的保证，因而可以认为会子完全摆脱了商品特征对货币的束缚，是由可兑现纸币发展向不可兑现纸币发展的关键，具备了类似现代法币的性质特征。南宋孝宗乾道、淳熙年间（1174～1189年），政府注重控制会子的发行量，规定每年的发行量并严格执行，社会有贬值预期时，便以金银、度牒、榷货或铜铁钱回收，是其流通最为平稳的时期。

宁宗开禧（1205～1207年）北伐失利，其后嘉定年间（1208～1224年）宋金间战争频繁，军费支出庞大，政府大量增发会子以弥补财政收入，致使会子发行量连年膨胀。嘉定末至端平初（1234～1236年）更是二界同时发行，会子总流通量超过二亿贯，造成恶性贬值，纸币信用缺乏支撑，几成废纸无法流通，秩序的混乱使经济社会动荡加剧，政权岌岌可危，会子终随南宋灭亡被元“以宋会五十贯准中统钞一贯”几乎抢掠的价格回收。除交子、钱引、关子、会子外，宋代还有发行湖会、淮交等纸币。

宋朝纸币的出现与发行，与欧美各国至18世纪左右才正式发行纸币相比，时间要领先5～6个世纪。① 纸币具有轻便而易于携带保管、印刷成本低廉、使用方便等优点，带来了货币发展进程中的一次飞跃，代表着一种先进的货币形态，它的出现是宋经济发达、社会进步、政治文明的重要标志。

---

① 参见匡裕从：《试论元代的纸钞》，载《文史哲》1980年第3期。

三、金、元两朝纸币的发行、流通及钞法特征

金朝是12世纪初由女真族在我国东北地区建立起来的一个少数民族政权。女真是靺鞨部落中的一部,世代居住在长白山、松花江、黑龙江一带,《金史·本记》记载:“唐开元中置黑水府,以部长为都督、刺史,置长史监之。”谓之黑水靺鞨。后来其首领金太祖完颜阿骨打在统一女真诸部后,1115年于会宁府(今黑龙江省哈尔滨市阿城区)建都立国,国号大金。1125年,金灭辽,1127年灭北宋,与南宋对峙。1153年金迁都燕京,称为中都大兴府(今北京市),1214年迁都南京(今开封)。1234年,金被蒙古所灭。

金朝建立之初,女真族尚处于渔猎农耕的混合制度,它进入中原地区后,开发开垦大片土地,大力发展农牧业,也带动东北经济的发展,如陶瓷、矿冶、铸造、造纸、印刷等都进步明显。由于生产经济的恢复和发展,商业日益繁盛。宋、金、西夏边境建立不少“榷场”,与西夏和南宋进行贸易。金朝主要向南宋输出皮革、人参、纺织品等商品,南宋向金朝输入茶、药材、丝织品等。会宁府、金中都、开封府与济南府都是当时较大的商业中心。

金朝早期使用旧有的宋、辽钱币，直到金、宋间第二次议和后，战争暂告结束。1158 年金帝完颜亮首次铸行正隆通宝小平钱。1204 年金章宗铸泰和通宝真书钱。1213 年金帝完颜永济铸至宁元宝钱。金宣宗南迁后也铸行货币。金朝灭掉北宋以后，曾扶植刘齐立国，所铸钱币却比一般北宋钱币精美整齐。

受宋的影响，金朝为了方便交换，解决铜材不足等问题，在海陵王贞元二年（1154 年），发行了纸币交钞。交钞形制基本模仿北宋交子，有发行机关、花纹图案、编号等，并与钱同用。交钞最初只通行于黄河以南，后因其发行有度币值稳定而保持了良好的信誉，与铜钱兑换长期维持 1∶1 的比例，加之其携带方便、流转通畅，流通区域向北越过黄河，远及辽东等地。范成大在《揽辔录》中记载："交钞所者，虏本无钱，惟炀王亮尝一铸正隆钱，绝不多，余悉用中国（中原）旧钱，又不欲留钱于河南，故仿中国楮币，于汴京置局造官会，谓之交钞。拟见钱行使，而阴收铜钱悉运而北，过河即用见钱，不用钞。"

交钞票面分大小两种，大钞分一贯、二贯、三贯、五贯、十贯，小钞分一百文、二百文、三百文、五百文、七百文。发行初定七年一界，界满以旧换新，酌收工本费。至金章宗时期，废除期限，改永久使用，若钞面昏烂字迹磨损难以辨认，可向所属库司换取新钞。交钞是比会子还早实现不兑换的纸币，在中国纸币史上首开先河。因其不会过期作废,有利于避免出现抛售、贬值的现象。

金章宗明昌四年(1193 年)后,由于宋金、蒙金战争连续不断,军费开支大增,政府财政困难,便采取更换大钞的办法,发行二十贯至百贯大钞,继而又发行二百贯至千贯大钞,交钞急剧贬值,通胀如潮,社会也陷入一片混乱。金朝最后20 年间,政府又发行了“贞祐宝券”“贞祐通宝”“兴定宝泉”“元光重宝”“元光珍货”“天兴宝会”等纸币,但由于恶性通货膨胀,纸币贬值于崩溃边缘,天兴宝会发行仅数月时间,金王朝就被蒙古军所灭亡。金朝纸币虽然还很不成熟,但它在中国古纸币的发展中,起到了承上启下的重要作用。

蒙古族原是我国北部的一个传统游牧民族,他们的祖先生活在古代望建河(今额尔古纳河)东岸一带。1206 年,铁木真统一了蒙古各族部落时开始建国,从此开始了一系列的对外扩张和征服的战争。公元 1234 年灭金,公元 1279 年灭宋,元世祖忽必烈建立元朝,并以中国本土为中心,形成一个横跨欧亚的大帝国。宋蒙战争对社会生产造成巨大的创伤,蒙古贵族对中原地区的统治,对高度发达的封建经济造成严重破坏,并使农业经济中渗入了落后部族所有的奴役关系,广大的农民沦为农奴、半农奴的地位,手工业生产也遭受到严重的摧残,百万计的工匠沦为工奴,庞大的奴隶制或工奴制的官营手工业建立起来了，民间幸存的独立手工业则寥寥无几，在这种情形下，整个元朝统治期间，经济与生产虽然有所恢复，但基本上一直呈现着衰敝现象。①

忽必烈的政权和财政政策，带有明显的重商主义，因此元朝在生产衰敝的情形下，商业却呈现出畸形的繁荣发展。元疆域辽阔，建立了以大都为中心，四通八达连通陆路、水路，海路的庞大物流体系，为商业和城市的发展创造了有利条件。元政府的一个突出特征，表现在它既是一个以原有游牧军事力量为基础的军事政权，同时又是一个以经济统治作为国家运作主要手段的政权，而构成其核心的主要是伊朗系穆斯林商团以及出身于此的经济官僚们，蒙古的军事力量和穆斯林的商业力量正是支撑元政权的两大支柱。②

元朝是中国古代纸币最为兴盛的时期，是从兑换纸币向不兑换纸币的转折。元朝制定了《至元宝钞通行条画》，详细规定了对纸币制作、发行、流通以及伪造等方面的制度办法，宝钞基本取代了铜钱在流通中的地位，大部分时间成为官方唯一认可的法定货币。元朝时期，纸币发行权专属于中央政府，由中央统一规定发行和管理制度，是世界上最早、最完备的纸币制度。

---

① 参见萧清：《中国古代货币史》，人民出版社1984年版，第264页。

② 参见［日］杉山正明：《疾驰的草原征服者·辽西夏金元》，乌兰、乌日娜译，广西师范大学出版社2014年版，第314～316页。

钞法的成熟和完善,使元宝钞成为一种稳定且流通广泛的货币,对国民经济的发展影响比宋金纸币发挥的作用都大。

由于蒙古长期与西亚用银地区有贸易往来,所以在蒙古帝国建立后相当长的一段时间内,仍以白银为通用货币。随着蒙古帝国的扩张,白银也随着帝国边境的扩大,成为帝国境内最主要的货币流通手段。宋末元初,由于战乱频仍,汉族地区不少军阀在自己辖区发行纸币,只能在辖区内流通,且定期更换,这种有地域和时间限制的纸币,阻碍了商业交换,影响了经济的发展。

1253 年,蒙哥汗分赏诸王,忽必烈得到了京兆封地。由于这里有用纸币的习惯,忽必烈以交钞为名对纸币发行作出区域性尝试,交钞限制通行于京兆宣抚司所管辖的关陇地区。中统元年(1260 年),元世祖忽必烈登基,7 月正式发行“中统元宝交钞”(以下简称中统钞)。其面值以铜钱的单位“贯”和“文”来计,但因为其实际运作中并没有发行铜钱,所以并不以铜钱为本,而是以白银为本,与银互相兑换。这与掌控帝国经济命脉的伊朗系穆斯林商团自古以来在西亚和中亚地区建立起来的用银结算经济有直接关系。

元朝政府在发行纸钞的过程中,认真总结了宋金两朝的经验教训,完善了中统钞的发行流通制度,可总结如下:首先,中统钞采取“丝银本位”制,即以银及少数的金及其他具有价值的宝货作为准备金，规定钞每一千两，可以兑银五十两，只需扣除3%的手续费，便可以钞换到银或其他货品，这大大加强了人们对纸币的信心。其次，中统钞在全国各地长期流通，无时间、地域限制；各种赋税无论原来征收实物或是白银，均改收中统钞，由此中统钞具有法偿性质；各路、各地方原来发行的纸币定期收回，不许流通。这些措施，使中统钞具备货币良好的信用属性，因此币值稳定，很快在全国推广开来。

至元十二年(1275 年)，宋蒙战争达到高潮，随着蒙古军队的快速推进，元政府决定以中统钞回收南宋会子，兑换标准为一贯中统钞兑换五十贯会子。至元十四年(1277 年)，也即元朝完成统一的第 2 年，元政府禁止江南原宋地使用铜钱，并以中统钞兑换铜钱，标准为一贯中统钞兑换三贯铜钱。元朝以经济手段与政治军事行动相配合，用中统钞回收南宋地区的纸币、铜钱，抢掠了大量财富，统一了各地货币，结束了宋金以来各地货币不统一的局面，中统钞成为全国通用的货币。

宋蒙战争导致元朝军费开支日益增长，国家财政负担沉重，为缓和巨额财政压力，元政府开始动用钞本，从至元十三年(1276 年)起，政府逐渐把存于各地平准库的金银宝货或运至大都，或挪作他用，此后增发的纸币也没有预先存储好的准备金与之相配，这自然引起纸钞的大幅贬值。至元十九年(1282 年)，中书省颁布《整治钞法条画》，企图用强制的手段，维持金银等贵金属与纸钞原有的兑换价格,保证纸钞的购买力不至大幅下降。但一方面政府的钞库没有充足的金银来完成官价下的兑换;另一方面民间的实际交易,人们并不会将金银以官价去兑换急剧贬值的纸币。由于官价和黑市交易价格相差悬殊,禁止民间兑换成为一纸空文。

至元二十四年(1287 年),元政府颁发《至元宝钞通行条画》,发行至元钞,规定新旧两钞并行,至元宝钞一贯兑中统钞五贯,中统钞实际贬值为发行时的 1/5。同时禁止民间私自买卖金银,将至元钞与白银挂钩,一两白银兑至元钞二贯。

至元三十一年(1294 年),元世祖忽必烈去世,新即位的成宗为稳定政局收买人心,对贵族、大臣大行赏赐,数量是世祖时的数倍,政府各项大宗开支亦与日俱增,国库亏空日益严重,财政收支入不敷出,形成高额赤字。为弥补亏空,当年便将各地平准库的金银再次大量运至大都,加之纸币的滥发与准备金的严重不足,导致纸币的可兑换性基本丧失,纸币与金银之间的官价更是难以维持。巨额财政赤字以发行纸币来弥补,而货币的超发又引起纸币的大幅贬值,纸币超发的速度与纸币贬值的速度如两匹快马,你追我赶,至大德七年(1303 年),纸币价值已不到原来发行时的 1/10 了。

元武宗至大二年(1309 年),政府发行至大银钞,这是第一次以银的计价单位“两”作为纸币面额单位的纸币。至大银钞依然与白银挂钩,规定钞一两等于白银一两,与至元钞兑换比例为“以一当五”。这仍然是一次通货贬值的政策,相当于一两至大钞当十贯中统钞,纸币流通量的成倍增加,使物价进一步加速飞速上涨。至正六年(1346 年),至大银钞按黄金计算的物价是元初的 20 倍,按银价计算的物价是元初价格的 15 倍,因为纸币贬值速度加快,政府财政收入依然入不敷出。

至正十年(1350 年),元朝再次改变币制,发行至正交钞,至正钞一贯可兑换至元钞二贯,并允许和至元钞并行。至正钞仍然没有摆脱超发的命运,致使纸钞贬值迅速,物价飞涨。如果按照《元史・食货志・钞法》中的史料计算,则物价上涨 5 万倍以上。① 至元十六年(1356 年),纸币在商品交易中被实际拒用,不得不退出流通领域。《元史・食货志・钞法》记录了元末纸币严重贬值的情况:“所在郡县,皆以物货相贸易,公私所积之钞,遂俱不行,人视之若弊楮。”元末的社会经济部分回到了物物交换的时代。元朝纸币发行告诉我们,想通过持续发钞来解决财政赤字或政府融资是行不通的,货币超发导致货币贬值,货币贬值引起财政缩水,为缓解财政发币规模越发大增,其结果只能使超发和贬值陷于恶性循环,不仅于事无补,还会导

---

① 参见叶世昌:《元代的纸币流通制度》,载《中国经济史研究》1997 年第 4 期。

致货币丧失信用,最终退出流通市场,引发社会动荡,政权解体。

尽管元代纸钞最后崩溃造成恶劣的后果,但元代参考借鉴宋金的纸币制度和管理思想,总结前朝经验教训,对纸币流通制度的修改和完善还是值得肯定的,一些制度和思想对现代国家纸币制度建设也有一定积极的影响。

元朝钞法归纳起来主要有以下几个特点:一是采取银本位制。元朝纸币发行制度承袭宋朝,但与宋不同的是,由于蒙古各部曾以银为流通货币,宋以铜钱为发行准备金,而元代以银为发行准备金,即以银为本,虚实相权。规定各行省钞库应有充足的金银宝货作为准备金,准许银钞互兑,如果市面上钞券太多,就抛银回收钞。尽管在实际的操作过程中,元政府经常打破制度的规定,屡屡挪用金银准备,导致纸币的发行准备金不足。二是有较合理完备的形制。同前代相比,元代纸钞面额大小适宜,便于携带,主币辅币齐全,利于流通。而它不限地域时段,可在全国长期通行,相对于宋金纸币有了更大的统一性。相当长的时期,元宝钞实行单一纸币制度,至元朝末年才改为钱钞兼行,并由原来的钞银互兑改为后来的不兑现。纸币的行用不分界,不立年月,永久通用,这些都是区别于宋金纸币的地方。三是重视纸币的管理。元宝钞以两个“条划”为主体,加上若干具体法令条例,形成了比较严密和系统的管理制度。元朝重用汉地知识分子王恽、叶李等人,完善纸币的发行、流通、倒换、回收等方面的措施规定。元朝有掌管宝钞事宜的机构和官员,有专门场所印制宝钞,有钞法推行的具体步骤和措施,有惩治造伪钞犯罪的刑法条律等。因此,元朝纸钞比宋金时期的纸币又提高一个层次,达到当时的历史最高水平。

四、宋金元时期纸币的管理思想

自北宋纸币产生后,很多学者或货币管理者总结纸币的发行流通经验,探讨纸币与其他金属货币的关系,形成了丰富的纸币管理思想。特别是南宋金元时期,纸币管理思想内容广泛,包括纸币的性质、管理制度、同金属货币之间的关系等,可以说是中国古代纸币管理思想发展最为灿烂辉煌的时期,包括杨万里的“钱楮母子论”、叶适的“纸币驱逐铜币论”、叶子奇的“纸币池沟论”等。叶李对南宋时产生的称提经验进行总结,并写入《至元宝钞通行条画》,元顺帝时武淇著有关于纸币的专著《宝钞通考》。这些有关纸币管理思想的论述,很多闪烁着理性的光芒,即使用现代的货币理论来看,也具有一定的科学性。

北宋时期出现了交子,但当时纸币的发行量及发行范围相对有限,对社会的影响还不深刻,因此这一时期的纸币思想还是一些朴素的认识,缺少系统理论的阐发和深刻的见解。南宋会子的发行是纸币大量发行的开端,随着纸币发行区域范围的扩大,人们对于纸币的态度,经历了从怀疑到逐渐认可接受的发展轨迹。在中国古代第一轮的纸币实践中,各地的纸币无一例外地因超发而贬值,最后导致崩溃,给百姓带来巨大痛苦,给社会经济造成重大损失,成为困扰政府和人民的难题。在这种情况下,社会上关于纸币问题的思考逐渐深入,许多学者、政治家、思想家提出了自己有关纸币的思想理论体系,因此有学者将宋元时期作为"真正的传统纸币思想的鼎盛时期"。①

宋朝纸币管理思想的突出代表是杨万里和辛弃疾。杨万里(1127～1206年),字廷秀,号诚斋,江西吉州人(今江西省吉水县黄桥镇湴塘村)。绍兴二十四年(1154年)考取进士,历任国子博士、太常博士,太常丞兼吏部右侍郎,提举广东常平茶盐公事,广东提点刑狱,吏部员外郎等。绍熙二年(1192年),朝廷下令于江南诸郡行使铁钱会子,杨万里上书谏阻,开罪权臣,因而改知赣州,不赴,辞官归家。

春秋时期,单旗于周景王二十一年(前524年)将"子母"概念运用于阐述金属货币的流通,形成所谓的"子母相权论"。纸

---

① 赵靖主编:《中国经济思想通史》(第1卷),北京大学出版社1991年版,第497页。

币出现后,杨万里发展丰富了这一理论,提出“钱楮母子论”,他认为纸币是金属货币之子,母子不能相离。纸币流通的条件有两个:第一,要与金属货币并行流通;第二,能同金属货币相兑换。现代货币理论认为,纸币以其货币的信用属性,作为一般等价物的价值符号进入流通市场,只要它的数量等于流通对货币的需求量,即使没有金属货币同时流通,并且不能同金属货币相兑换,纸币也能正常流通。从这个角度看,“钱楮母子论”显然有不合理的地方。杨氏认为钱楮货币之间的兑换关系处理好了,二者便能顺利流通,却忽略了政府在纸币流通的作用,因此并没有提到政府应负纸币兑换的责任。萧清在《中国古代货币思想史》中一针见血地指出,杨万里所说的纸币是“一种不兑现银行券性质的纸币”。[①] 后来,杨冠卿、袁燮等进一步发展了杨万里的理论,提出了“物物轻重论”“钱实楮虚说”等,纸币管理思想又向前推进一大步。

和杨万里“钱楮母子论”不同,辛弃疾则将钱楮放在平等的地位上,认为钱楮无别。辛弃疾(1140～1207年),字幼安,号稼轩,山东东路济南府(今济南市)人,和杨万里生活在同一时代。辛弃疾的观点集中体现在淳熙二年他所上奏的《论会子行用疏》,文中他不反对纸币,也不主张废钱,甚至强调纸币的流通

---

① 萧清:《中国古代货币思想史》,人民出版社1987年版,第184页。

要优于铜钱。如何应对由于纸币超发而造成的贬值,他提出两种方案:其一,他认为钱楮自身没有价值,更无贵贱之分,出现钱重楮轻的原因是"朝廷用之自轻",即由政府重视铜钱而不重视纸币造成的。比如,政府在向百姓收取赋税时,总是愿意接收铜钱而不愿接受纸币,因此政府要首先重视纸币的地位,才能改变钱重楮轻的局面。其二,他认为纸币贬值是由于"印造之数多,而行使之地不广"造成的,纸币的行使区域是基本固定的,而发行数量却一直在增加,纸币的消耗量是有限的,有限的区域容纳连续增长的纸币,自然会造成纸币的贬值,出现流通不畅。针对"印造数多",他主张政府减少纸币发行数量,就可以扼制纸币的持续贬值;同时,他还提出通过增加民间向政府输纳的份额,实现货币回笼。辛弃疾的这种思想,在兑现纸币以外,又提出一种回笼纸币的手段,即政府以金属货币或其他有价值的物质收兑纸币,限制纸币的发行流通数量,以稳定纸币的购买力。这种金融创新发展成为我国古代纸币历史上一项非常重要的行钞原则,即后来所说的"称提之术"。"称提之术"在兑换纸币发展为不兑换纸币以后显得更为重要,南宋及金元政府多次利用这种办法,实现货币回笼。

杨万里的"钱楮母子论",只是强调纸币的流通要以金属货币为依托,但他并不反对纸币;辛弃疾在强调钱楮无别的基础上,进一步肯定了纸币的优越性。两人的观点虽然有差别,但在对纸币的态度上,都是赞同的。宋朝也有很多人对纸币采取否定与批判的态度,甚至反对发行纸币。苏轼就是反对纸钞的金属论者。苏轼认为纸币是“比上芥为金玉”,发行纸币的结果必然会使“民奔而效之”,导致货币流通的混乱。永嘉学派的代表人物叶适,也有关于货币理论的论述,他在《财计中》和《淮西论铁钱五事状》中表达了货币金属主义思想。他认为纸币的发行不仅造成铜钱益少,还会造成其他货物的匮乏,并最终铸成大患,即纸币驱铜论。他把货币与贵金属等同起来,认为货币本身具有商品属性才能成为货币,因而主张铸造足值的铜钱。由于忽略了货币的信用属性,所以他无法解释纸币作为货币符号的流通功能和贮藏功能。

马端临(1254～1323年),字贵与,宋元之际著名的史学家,饶州乐平(今江西乐平)人。宋相马廷鸾之子,熟知历代典章制度及宋时士大夫的议论与掌故。入元以后,隐居不仕。著有《文献通考》《大学集注》《多识录》等。代表作《文献通考》共348卷,分田赋、户口、征榷、选举、职官、乐、兵、弄、学校、钱币等24门,是记叙中国历代典章制度的文化通史。马端临肯定了金属货币的商品属性,他把珠玉金银铜等称为“适用之物”“可贵之物”,根据这种认识,金属货币的币材自然属于“适用之物”,而纸币则是“无用之物”。马端临没有摆脱先王制币的观念,并将铜钱看作最适当的货币,但他也承认纸币比笨重的铜钱具有轻便易携等优点,他反对的只是无本之楮而已。若使纸币这种“无用之物”在流通中充当金属货币的作用,就必须以纸币的币值稳定为前提条件,他这里提到的币值稳定的基础应是货币的信用属性,只是他认为这种信用属性依托于金属货币的商品属性。

金国政府为了稳定交钞币值,泰和七年(1207 年),在户部尚书高汝砺的建议下,颁布了世界上第一部纸币规范性条例——《钞法条约》,标志着中国古代纸币制度又向前迈出一大步。

如果说两宋时期纸币管理思想偏重于对纸币的产生流通、钱楮关系、纸币贬值等问题的讨论,而元代纸币思想的主要成就却是对纸币的发行管理制度进行补充完善,使更加合理科学。

由于元朝疆域辽阔,重视发展商业和贸易,纸币在流通使用的广泛深度上前所未有,所以纸币在元朝的经济生活中处于非常重要的地位,对元朝的社会政治经济文化都产生了深远的影响。元朝统治者重视对纸币发行的管理,注重总结宋金 300 多年发行纸币的经验教训和管理思想,对纸币的管理制度有了更全面、更深刻的认识。元朝人不仅将“称提之术”作为维护纸币购买力的临时措施,而且提炼出宋人长期积累的关于“称提之术”的精髓,在汉族士人的帮助下,元朝政府制定出一套完整系统的有关纸币发行管理的制度、条规，并颁行全国。政府对纸币制度管理的重视及成功经验，大大丰富了元代纸币管理思想，其中王恽和叶李均参与了元代宝钞制度的建设，对纸币的管理见解独到，是元朝货币管理思想中最具代表性的人物。

王恽（1227～1304年），字仲谋，号秋涧，卫州汲县（今河南卫辉）人，元朝著名的文学家、政治家。他曾参与主持中统钞的发行，总结中统钞初期发行成功的原因及后期失败的教训，从纸币与准备金的关系来阐述纸币发行如果超出其准备金，就会导致纸币贬值的规律，“其无本钞数，民间既多而易得，物因贵而难买”。基于这种认识，王恽主张回笼纸币，减少民间纸币量，纸钞自然就会升值。

叶李（1242～1292年），字太白，杭州人。南宋末年，他曾以太学诸生上书反对权相贾似道而轰动一时。入元以后，几经元世祖征召始出仕，甚得信任。叶李有较强的重商思想，据说他曾拟钞币条画献给南宋政府，后又汲取了王恽的纸币管理思想，结合南宋会子的发行经验教训，根据元代纸币流通的新经验，制定出《至元宝钞通行条画》，使元宝钞成为较为完善的不兑换纸币。《至元宝钞通行条画》不仅是元代纸币管理的标准，更是集中国古代纸币思想之大成，对后世的纸币管理思想有着十分重要的影响。

元末还有王祎、刘基、叶子奇等人论纸币的思想。王祎

(1322～1373年)，著名的文学家、史学家，字子充，浙江义乌人。在至正钞发行以后不久，王袆发表了《泉货议》，这是其元末上宰相万言书的一部分。王袆认为无论是金属货币还是楮币，都是“无用之物”，因为货币没有像商品一样的使用价值。同样为“无用之物”，王袆又认为“钞乃虚文，钱乃实器，钱钞兼用，则民必舍虚取实”，可见，他认识到了纸币的价值符号，但没有把这种价值符号和货币的信用属性联系起来。

刘基(1311～1375年)，元末明初人，政治家、文学家，浙江青田(今浙江文成县)人。他认为纸币之所以能够获得流通的能力，以至于贵比金、珠，全靠国家的威令，这种“货币国定说”带有传统的货币名目主义的倾向。

叶子奇(约1327～1378年)，元末明初大学者，字子杰，号静斋，浙江龙泉人。他在至正钞崩溃以后，试图对元代的纸币制度作客观的总结。他指出历代钞法的失败，都是由于政府滥发纸币以弥补财政亏空而造成的。① 他对纸币进入流通不能自动退出的特点进行了细微深入的观察，认为纸币代替金属货币流通，必须保持在一个客观的适当数量的水平上，如果超过这一限量，则不免泛滥成灾，所以纸币不能兑现，则无异于堵塞了池水发泄的渠道，从而不免会有水满浸淫之患。这个形象的比

① 参见萧清：《中国古代货币思想史》，人民出版社1987年版，第246页。

喻是值得赞誉的。

尽管元政府非常重视对纸币的管理,但是由于对纸币本质缺乏了解,加之中后期为了缓解财政压力,将纸币作为聚敛财富的工具,而滥发纸币,造成纸币大幅贬值,致使经济混乱,社会动荡,最终成为元朝灭亡的重要因素。

宋元时期纸币实践的发展,为纸币制度和理论带来一些新的概念。至宋代,"钞"字基本成为茶、盐钞引的专用语,至元朝,元宝钞直接承袭金人的交钞,这种对"钞"意义的发展,直接影响了人们对纸币称谓的习惯用语,以至于我们现在称纸币为钞票。纸币出现后,与"子母""轻重"这些货币概念常相结合使用的,还有"虚实"。人们以铜钱为实,以纸币、特别贬值的纸币为虚,对商品与货币二者的关系进行区分。"称提"是南宋时为防止纸币(交子和会子)贬值而采取的一种金融措施,即朝廷及时以金属币收兑跌价的纸币,限制纸币发行量,规定纸币使用的界限以及按期调换等,以维持纸币的购买力。到了元代,上述概念或术语更确定为纸币流通相关的专用语了。这些概念或术语的出现、发展、演变,反映着客观的货币流通与货币思想的历史演变进程。

第二章　大明宝钞的颁行、钞法及管理思想

元朝末年，天下大乱，群雄并起，朱元璋在与陈友谅、张士杰、方国珍等部的角逐中渐趋崛起，于 1368 年在建康（今南京）称帝，国号为大明。明初历经洪武之治、永乐盛世、仁宣之治等治世，中期经土木之变由盛转衰，后经弘治中兴、嘉靖中兴、万历中兴，晚明因东林党争和天灾外患导致国力衰退，1644 年李自成攻入北京，崇祯帝自缢殉国，明朝覆灭。

明朝建立初年比较注意减轻人民负担，恢复和发展农业生产。1367年，朱元璋就对御史大夫邓愈说，“天下初定，足食在劝农桑”。为了巩固新生政权，明初朱元璋采取很多具体措施，如迁徙富民抑制豪强，移民屯田奖励垦荒，兴修水利减轻赋役，禁止奴婢买卖，鼓励种植经济作物。为了奖励垦荒，明政府责成地方官散发耕牛和种子，规定按垦田的多少来判定地方官吏的赏罚。洪武五年明廷诏令陕西、河南、山东等州县田地，允许农民尽力开垦，超过定额的，官府不得征税。对于受灾的地区，也免税救济，对地方官吏不及时呈报灾情和赈济的，还要给以严厉的惩罚。从洪武元年开始，明政府主持修建和州铜城堰闸、洪渠堰，疏通东钱湖等，灌溉田地数万顷。为农业生产的发展和提高，创造了有利条件。针对元朝保存着蒙古奴隶制度的残余，明政府下令由朝廷代赎那些因饥荒而典卖的男女，使奴婢得到人身自由。这样，在元末农民战争中遭到严重破坏的农业生产，迅速恢复并发展起来。

明初对工商业的恢复也颇为注意。如洪武年间曾下令停闭各省官营铁冶，允许民间自由开采与买卖，裁并了许多收税关卡，逐步取消农具、舟车、丝布、蔬果、饮食、牧畜等物税。这些措施，对于促进工商业的恢复和发展都有一定的积极作用。至宣德年间(1426～1435年)，全国已有了包括北京、南京、苏州、松江等30多个新兴的商业城市。

明初农业、手工业恢复和发展，为货币流通的恢复奠定了基础。元末明初，由于元宝钞制度的崩溃，各地便恢复了铜钱流通。各地起义军建立的地方割据政权也都铸造过铜钱，如韩林儿的龙凤通宝，张士诚的天祐通宝，徐寿辉的天启通宝、天定通宝，陈友谅的大义通宝，朱元璋的大中通宝、洪武通宝等。

自明洪武建立初期，朝廷发行了固定面额的大明宝钞，明朝的纸币大体上经历了这样的发展过程：洪武八年（1375年），发行大明宝钞，并规定禁止用金银进行交易，商品交易，大额用宝钞，小额用铜钱；洪武二十七年（1394年）八月改变了钱钞并用的政策，下令禁用铜钱，实行单一的纸币制度；宣德十年（1435年）十月解除钱禁，英宗正统元年（1436年）解除银禁，政府赋税收入和财政开支逐步向用银转移。总体上讲，明朝钞法除了初期推行较好外，后则每况愈下。永乐至景泰年间，钞法全凭国家利用各种制度才勉强维持。景泰以后，民间进行交易普遍使用白银和铜钱，而不使用宝钞，宝钞实际上已经从市场上退出。正如生活在成化、弘治时期陆容的评价：“宝钞今惟官府行之……民间得之，置之无用之地耳。”万历年间的进士谢肇（淛）也说：“交易所通行者，钱与银耳。”由于宝钞贬值厉害，加上流通不广，认受性低，致使货币信用性衰落，商品性回归，法定称量货币白银成为主要流通手段，法定非称量货币铜钱据其辅。只有国家为了维护宝钞的象征意义时才坚持使用宝钞，如征税、颁赏等，但其象征意义已大于实际意义了。

一、大明宝钞的颁行及不同时期钞法特征

元朝大部分时间实行单一的纸币制度，禁止铜钱流通，元末钞值贬值得厉害，导致社会动荡，政权崩溃。鉴于前朝的教训，朱元璋（明太祖，1368～1398年在位）在反元战争期间，便在应天设立宝源局，以铜钱为法定货币，铸"大中通宝"。公元1368年，朱元璋称帝，定国号明，建元洪武。为了恢复流通，定洪武通宝钱制，除京城宝源局有铸造权外，各省宝泉局亦可铸造洪武通宝钱，与以往历代流通的钱一起使用。朱元璋希望不再像元朝那样大量发行纸钞，而是像秦汉唐宋一样，在全国实现铜钱流通。但事与愿违，一方面由于明朝刚建立，国家政府财政能力不足，加之铜源匮乏，铜钱铸造数量有限，致使货币供给不足。为了搜刮铸币所需铜材，官府逼迫老百姓毁掉

铜器,“责民出铜,民毁器皿输官”,①导致民怨沸腾,社会矛盾激化。另一方面,明朝建立后,社会逐渐安定,随着工商业的恢复发展,社会对货币的需要量增加,铜钱因为不便携带,②且社会经过宋元的发展,已习惯了以纸钞交易,商贾虽然害怕纸钞有贬值风险,但不愿为铜钱所累,所以依旧沿用宋元旧习使用纸钞,而不愿用钱。除了上述官方记载的这些原因外,更为关键的是明建立初期,战火不断,百废待兴,国家财政收支存在巨大缺口,为增强财政收入,缓解财政压力,明太祖最终决定改用纸钞,通过凭空发行大明通行宝钞敛夺社会和百姓财富。黄仁宇认为,明初的通货膨胀造成的危害已被经济史研究者普遍认同,而通胀的影响是长期的,因为一个错误会导致另一个错误,所有这些都源于明初滥发纸币的政策,缺乏有效的货币制度是其中一个重要的原因。③

1. 大明宝钞初行时期的钱钞兼行(洪武八年至洪武二十七年)

洪武七年九月,明政府在中书省下设置宝钞管理机构——宝钞提举司,负责统筹印行纸币。设正副提举各一人,

---

① 《明实录》洪武八年三月辛酉条。

② 参见《明实录》洪武八年三月辛酉条。

③ 参见[美]黄仁宇:《十六世纪明代中国之财政与税收》,阿风、许文继、倪玉平、徐卫平译,三联书店2001年版,第81页。

正提举正七品,副提从七品。下设钞纸、印钞二局和宝钞、行用二库。洪武七年十一月,擢升宝钞提举司为正四品。1375年4月,太祖始诏中书省造大明宝钞,令民间通行。

大明宝钞以桑树皮所造的纸(穰)作为币材,方形,外表青色,长一尺(33.8厘米),宽六寸(22厘米),是世界上迄今为止票幅最大的纸币。钞票的正上方横题有"大明通行宝钞"字样。以篆文书写"大明宝钞""天下通行"分置上方面两侧。中图绘有钱贯,十串为一贯,若五百文则画钱文为五串。下端"中书省奏准印造大明宝钞与铜钱相通行使用,伪造者斩,告捕者赏银二百十五两,仍给犯人财产"。[①] 宝钞有6种不同面额,分别有一贯(一千文)、五百文、四百文、三百文、二百文以及一百文。此后,大明宝钞形版式虽略有不同,但变化不大。洪武十三年,因为中书省被废,造钞事宜改属户部,钞面抬头文字"中书省"因此改为"户部"。洪武二十二年,增加印制了十文至五十文面额小钞,所以大明宝钞面值最多时曾有11个品种之。只是这5种面值宝钞在洪武三十一年(1398年)便不再印制。另外,由于宝钞贬值严重,小面值宝钞购买力严重不足,所以流通不广,且时间也极短。

明宝钞颁行不久,因超发而面临贬值的压力。为稳定币

---

① (明)申时行:《明会典》卷三十四《钞法》,中华书局1989年版,第224页。

值，保证宝钞畅通，明政府制定钞法，调整钱法，全力维护宝钞的法定货币地位，主要有以下内容：

(1)禁止民间以金银及实物交易

洪武八年，初造大明宝钞之时，国家沿袭元末以来货币比价的政策，规定钞、钱、银与黄金有如下的兑换关系：一贯钞折换铜钱一千文、白银一两或者黄(赤)金四分之一两，即一贯钞＝一千文钱＝一两银＝四分之一两黄金，这是洪武八年货币兑换比价的参照系，可以称为“洪武八年兑换体系”。

洪武九年(1376年)，朝廷下令，为了维护钞的法定地位，政府禁止民间以金银及实物交易，凡是违反者皆被治罪，“民间不得以金银物货交易，违者罪之”。① 而告发者则以原告交易之物品作为犒赏。② 实行以宝钞为主，钞钱并行的货币流通制度。后来，由于政府禁用金银政策效果不好，为了维护宝钞的法定地位，又分别于洪武十三年、三十年、三十三年，永乐元年(1403年)、二年(1404年)，洪熙元年(1425年)、宣德元年(1426年)多次重申这一项政策。

永乐年间，禁用金银的政策执行得最为严厉。永乐元年四月成祖令，若有以金银交易的，“犯者准奸恶论，有能首捕

① (清)张廷玉等：《明史》，中华书局1974年版。

② 参见(明)申时行：《明会典》卷三十四《钞法》，中华书局1989年版，第224页。

者,以所交易金银充赏,其两相交易而一人自首者免坐,赏与首捕同”。因为以金银交易的犯者太多,所以永乐二年正月不得不减轻对使用金银者的惩罚措施,改死罪为流放充军,“自今有犯交易银两之禁者,免死,徙家兴州屯戍”。以后金银禁令虽然屡次得到重申,但措施却越来越宽松。仁、宣两朝,对于金银交易者采取以罚钞的形式作为惩戒手段,如宣德元年七月,规定用银钱者重罚钞千贯。这说明,政府无论采取何种惩罚措施,都难以阻止民间使用金银。

(2)钞钱并行并降低铜钱的法定地位

洪武八年,规定“中书省奏准印造大明宝钞,与铜钱通行使用”,这些铜币指大中、洪武通宝及历代旧钱等,且都能与宝钞共同流通。并规定“每钞一贯准铜钱一千”。政府的设想是宝钞与铜钱皆为国家通货,实现以宝钞为主,铜币为辅的“钞钱双轨”的货币流通制度。小额支付主要用铜钱,并专门规定了支付额度,如洪武八年规定商税“一百文以下,则止用铜钱”,洪武十年又令各省宝泉局“铸小钱与钞兼行,百文以下止用钱”。按照这种制度设计,民间一百文以上的交易使用宝钞,一百文以下的交易则使用铜钱。洪武二十二年(1389年),又令“更造小钞自十文至五十文”“以便民用”,即又加发小面值的纸币,自此铜钱的支付额度从一百文降为十文以下。

为了配合朝廷以钞为主、以钱为辅的货币流通政策,政府强力推行钞钱并行的钱法。洪武八年，规定“凡商税、诸色课程，钱钞兼收，钱十之三，钞十之七”。洪武十年，又申令“商税兼收钱钞，钱三钞七”。洪武二十二年，规定“每生铜一斤，铸小钱一百六十，折二钱八十，当三钱五十四，当五钱三十二，当十钱一十六”。洪武二十三年，改定“每小钱一文，用铜一钱二分”“铸钱每文加铅二分”。洪武年间虽规定官炉铸钱皆以“生铜”为铸材，但实际上因铜材匮乏，往往“皆用废钱及旧铜器铸之”。由于洪武钱法定钱重之制，为时较晚，所以与此前所铸之洪武钱成色有所差别。

明政府预期宝钞取代铜钱成为主要流通货币，而铜钱则为辅币。原则上，主币用于进行市场交易、偿付债务，具有无限法偿能力，任何单位和个人都不得拒绝接收，否则会视为违反法律。辅币则在一定情况下可以被拒收，具备有限法偿能力，这与我们当下世界货币流通体制相仿。

2. 禁行钱，专用钞时期(洪武二十七年至宣德十年)

据明实录载，洪武二十七年(1394 年)八月，江苏和浙江两地的老百姓重钱轻钞，多行折使，有的甚至用钱百六十文折钞一贯。福建、两广、江西诸处这样的情况也很普通。后因物价大涨(以宝钞计)，造成钞法阻滞。为了维护宝钞的法定地位，明政府下令禁用铜钱，强令半个月之内，凡军民商贾所有铜钱悉送赴官，依数换钞，敢有私自行使及埋藏弃毁者罪之。这标志着进入了明前期的单一纸币流通阶段。洪武以后，建文、永乐、洪熙、宣德四朝皆承其制，推行单一纸币制度。宣德十年(1435年)，广西梧州府知府李本奏："律载宝钞与铜钱相兼行使。今广西、广东交易用铜钱即问违禁，民多不便。乞照律条，听其相兼行使。"宣德十年十二月，英宗已经继位，诏令"弛用钱之禁"。但至正统、景泰年间，从文献记载看，由于出现"以钞法不通，复申钱禁"的波折，正统十三年(1448年)和景泰早期，明王朝仍在下令禁用铜钱。

从洪武二十七年到宣德十年共有41年，至景泰早期约半个多世纪，明王朝基本实行单一纸币流通制度。但在这个时期，铜钱并没有彻底退出流通市场，被绝对废止。永乐、宣德两朝依然铸铜钱，规定开铸之省局及年铸钱额度。永乐六年，成祖命铸永乐通宝钱；宣德八年，铸有宣德通宝。而且从永乐、宣德通宝钱存世实物看，当时的铸币精整，版式整齐，显然有统一的钱式规定。永乐宣德时期，明政府突破洪武时颁定的"金银铜钱不许出番"的禁令，派人往外番及西北买马收货。海陆两路运铜钱"所出常数千万"，还常用于对外国使节的赏赐。如永乐九年，遣使资救赐日本国王诸物中，有"钱五十绪"。这一年，成祖还对边地开放钱禁，"其金银铜钱亦停禁三年，听民于境内交易"。由此可见，当时铜钱不仅大量用于外贸和赏赐，并准许在个别地区流通使用，且各有法度可循。

3. 银、钱、钞并行时期(宣德十年至嘉靖四十五年)

宣德十年十二月,英宗继位即解钱禁,诏“弛用钱之禁”。第2年,改元为正统,又“弛用银之禁”。自此至嘉靖四十五年的100余年,明货币流通由单一的纸币制度转变为钞、银、钱并行的局面。由于成化以降,钞法全面崩溃,且局面无法扭转,虽然始终没有从立法上改变以宝钞为主要货币的制度,实质上形同虚设。嘉靖初年,更是“钞久不行,钱已大重,益专用银”。此后,虽至明朝灭亡仍不断发行宝钞,但这仅仅成为维持祖制的形式主义,在社会生活和商品交换中已无任何意义。

本阶段其钞法变化的主要有以下内容:

(1)解钱禁,恢复钞钱并行的货币流通局面,并提高铜钱的法定货币地位。“听民间钞钱兼相行使”“凡征收支给之额,钱钞兼用”“凡征商税课程,钱钞中半兼收”。成化以后,随着宝钞的崩溃,政府的各项税收、支出或折钱或银钱兼用。“令民间除假钱、锡钱外,凡历代并洪武、永乐、宣德铜钱及折二、当三,依数准使,不许挑拣。”明代中期以后,因官铸铜钱数量不够用,所以只对私铸铜钱的行为严厉打击,而对私铸钱的流通并不禁止。如嘉靖三十三年,世宗采纳御史何廷任的建议,“请许民用小钱(私铸劣钱)”,令“钱法宜从民便”,于是各种滥恶小钱遂得“奉旨开行”。

(2)解银禁,并规定明代铸的铜钱和历代旧铜钱的比价及与白银的折价。弘治以前,明钱、旧钱皆"依数准使",在流通中等价行用,并规定"每钱八文,折银一分"的比价。弘治二年(1489年),改历代钱以二与洪武等明钱一等价。正德六年,再次修订明钱与旧钱等价,"历代真正大样旧钱"仍与明钱"相兼行使,不许以二折一。第2年,改定钱银折价为"每七十文折银一钱"。嘉靖时期,经几次调整,于嘉靖三十三年定明钱、历代钱分等折价。但这样强行的制度,在民间并不能顺利推行。嘉靖四十四年,明政府又取消法定比价,改为铜钱与白银"准折宜从民便,不必定其文数"。在实际流通中,老百姓可以根据市场的需求,随时自由调整折价。这说明,随着金属货币进入流通市场,政府对货币调整政策的空间已极其有限。

4.以银为主、银钱钞并行时期(隆庆元年至崇祯时期)

隆庆初年,户部在讨论钱法的弊端时认为,"及税课专征银而不得征钱,又民间止用制钱,不用古钱",以至于钱法不通。隆庆三年,兵部侍郎谭纶奏议:"请令民得以钱输官,则钱法自通。"针对这种情况,穆宗决定改革嘉靖时旧的制度,遂确立了以银为主,以钱为辅,银钱并行的货币流通制度,这项制度奠定了中国封建社会晚期货币流通制度的基本形态。此后,万历、泰昌、天启、崇祯的钱法,虽然有所改动,但蓝本基本依据这项制度。

这一时期，明朝在财政上也极少用钞。与宝钞日趋消亡相一致，钞的种类也在逐步减少。在明代，“文”是最小的货币单位。而到了后来，钞法破坏和宝钞贬值成为恶性循环，竟至一贯钞仅值一两文铜钱的程度。再者，虽然从理论上讲宝钞已没有作何价值，但作为纸币，印制总需要成本，所以印制小钞成为一种得不偿失的行为。

纸钞虽然直到明末才退出市场，但为了缓解财政危机，特别是解决庞大的军费开支，有一些官员先后提议重行钞法，如天启年间的惠世扬、崇祯四年的何楷、崇祯末年的蒋臣等。蒋臣重行钞法的建议在当时影响较大，并得到崇祯皇帝的支持，被擢升为户部司务，特设内宝钞局，昼夜督造，募商发卖，结果“京商骚然，绸缎各铺皆卷篋而去”。纸币以国家信用为基础，以制度为保证，即使是崇祯初年，政府企图整顿钱法，开铸“宝色精采”的崇祯通宝钱，仍然由于政府信用的丧失，得不到百姓的认可，亦是昙花一现。到了明末，政治经济社会环境进一步恶化，李自成即将打进北京，努尔哈赤虎视眈眈，重新实行钞法更是异想天开。此后不久，随着明朝的灭亡，明朝钞法作为中国古代纸币实践的终结，也永远成为了历史。

二、大明宝钞的贬值及与其他币种购买力的对比

明朝初年，大明宝钞在国家政治权力强制执行下，确实出现了一个短暂的稳定时期，史载："明初，钞甚通行。"但好景不长，由于明朝采取以财政为中心的国家货币制度，纸币制度本身存在的缺陷及受当时的社会经济发展条件的限制，造成宝钞发生严重通货膨胀，其购买力持续下跌。彭信威认为："明朝的货币经济，整个来说，多少带一点紧缩性，和唐朝差不多，没有宋金元那样宽松，虽然首尾都发生过通货贬值，尤其是初年的纸币膨胀，到了严重的程度，但当时人民多用银钱，而以银钱计算的物价却很低。"①由此我们可以推断，明朝上半时期的通货膨胀是宝钞的通货膨胀，而不是整体物价的通货膨胀，这正说明大明宝钞在制度设计上存在严重的缺陷。

大明宝钞先后由中书省及户部印造，明代虽设行用库、宝泉局与宝钞提举司货币专门铸造管理机构，但这些机构时设时罢，很不健全，钞法中更没有规定每年的造钞造币数额，也没有订立一套系统的发行制度，而主要通过皇帝赏赐、政府开

---

① 彭信威：《中国货币史》，上海人民出版社2007年版，第667页。

支和救济的形式，作为主要的发行渠道。废中书省后，隶属户部的广源库掌宝钞之入，广惠库掌宝钞之出，没有对宝钞的发行数据统计及调整，使宝钞的收支平衡更不能起到中央银行的作用。据《明实录》及其他史籍所载，没有发现洪武一朝对造钞数额作出的任何限定，也就是说，造钞可以不受限制地进行，因此，难以确知洪武朝每年的造钞数额，更无法得知明钞的总体数量，但从现有史料可以推断，明宝钞超发数量巨大。如陈昆、李志斌依据《明太祖实录》《大诰续编》等史料估算，洪武时期每年正常造钞额约为五百五十万锭左右，该阶段有造钞年份的19年间，造钞总额为一亿四百五十万锭左右。① 毋庸置疑，这对国家而言无疑是一笔较大的财政资源，但也为宝钞的贬值埋下了隐患。

洪武初年，官员、军人的俸禄主要以宝钞兼实物支付。以洪武十三年（1380年）为例，当时在京官员共有1681人，每年俸钞共三万三千九百九十五贯，这是一项不小的开支。② 另外，皇帝不定期的赏赐，首先是对官员和军官大规模的赏赐；其次是作为回馈礼物对外国朝贡者的赏赐。这些赏赐都带有很大的随意性。据黄仁宇研究，洪武二十三年（1390年），太祖

---

① 参见陈昆、李志斌：《财政压力、货币超发与明代宝钞制度》，载《经济理论与经济管理》2013年第7期。

② 参见《明太祖实录》洪武十三年二月丁丑条。

在各种场合赏赐宝钞的记录就多达69处,其中的53次赏赐,总数额达八千八百六十万七千三百一十五贯。余下的16次,没有明确记录数额,据黄氏估计大概有七百万贯。仅1年的时间,太祖的赏赐总数额已高达九千五百万贯,而该年政府记录的收入按纸币计算有二千零三十八万二千九百九十贯,即1年内发行七千五百万的新钞,相等于半年的田赋收入。① 如此大规模的赏赐,使市场上流通的宝钞数量突然大增,从而导致公众对货币制度的信心降低。翻阅明朝各种史料,上述例子实不鲜见。

由于宝钞的超发,致使宝钞相对于铜钱、白银的购买力,出现了大幅度的贬值。同时,市场对新旧宝钞的接受程度不同,产生了不同的购买力。洪武二十三年十月,太祖嘱户部尚书赵勉:“近闻两浙市民有以钞一贯折钱二百五十闻者,此甚非便,尔等与工部议,凡两浙市肆之民,令其纳铜送京师,铸钱相兼行使。”此时宝钞已贬值到洪武八年规定的1/4了。洪武二十七年,“时两浙之民重钱轻钞,多行折使,至有以钱百六十文折钞一贯者,福建、两广、江西诸处大率皆然,由是物价涌贵,而钞法益坏不行”。此时宝钞已是原定价值之1/6。大明

① 参见[美]黄仁宇:《十六世纪明代中国之财政与税收》,阿风、许文继、倪玉平、徐卫平译,三联书店2001年版,第82页。

宝钞自洪武八年开始发行，在不到20年的时间内，价值就已经跌至原来的20%，而且一路下跌。至洪武末年，因钞法崩坏，宝钞基本不被使用。宣德七年，一贯宝钞只能钞换到铜钱十文，比起洪武初年一贯钞可以兑换一千文钱的规定，宝钞已经贬值至原定价值的100倍。[①] 正统十三年，宝钞市场价值是"每钞一贯折铜钱二文"，仅值原来的1/500。正统后期，当时除了皇帝的赏赐和政府支付官员俸给以及其他官方的开支外，在一般情况下，宝钞已经很少作为日常的交易工具之用。成化初期，钞值跌得更惨。"新钞一贯时估不过十钱，旧钞仅一二钱，甚是积之市肆，过者不顾。"及弘治时赐钞千贯不过四文钱而已，弘治以后，宝钞变成了一种礼仪性货币。最后一次以赏赐的形式发放宝钞似乎是在1620年天启皇帝即位之时，当时已是宝钞停止广泛使用之后一个半世纪了，我们无法想象这些被赏赐的对象拿到这些宝钞时的心情。[②]

根据彭信威的判断，明朝以金银计价的物价不高，因此宝钞对白银之间的比价大幅贬值。据陈昆、李志斌的推算，洪武十八年比洪武八年宝钞较之白银价格贬值了10倍。至洪武三

---

① 参见陈昆、李志斌：《财政压力、货币超发与明代宝钞制度》，载《经济理论与经济管理》2013年第7期。

② 参见[美]黄仁宇：《十六世纪明代中国之财政与税收》，阿风、许文继、倪玉平、徐卫平译，三联书店2001年版，第87页。

十年,宝钞相对于白银价格又贬值到14倍。正统元年,当时任户部尚书的黄福说,“今银一两当钞千余贯”,宝钞贬值到原来价值的千分之一。为了救钞,政府想尽了各种办法,如颁布严酷的法律,禁用金、银作为交易工具。可在民间实际交易中,金银成为百姓普遍使用的交换的媒介,“民间交易,惟用金银”。面对市场的趋势,政府再也无计可施,宝钞终成无人问津的废纸,已没有了任何实际价值。

三、大明宝钞制度设计存在的缺陷

大明宝钞在百余年的时间内贬值严重,究其根本原因在于明初政府基于财政为中心设计宝钞制度,发行完全根据政府开支所需,无限制滥发纸钞,使纸币的信用属性一步步流失,引发了宝钞的信用危机,最终被社会弃用。

1. 以聚敛财富为目的

中国在宋、金、元时期,经历了长期的战乱。宋、金时期的人口约1亿,至明初锐减至6500万人。明朝建立之初,对蒙古的军事斗争持续进行,后来永乐皇帝与建文帝之间又开战端,加之国家刚建立,百废待兴,需要大笔开支。而连年的争战,造成工商业萎缩,社会发展恢复到自然经济模式,政府无法通过扩大税源解决财政问题,更重要的是,大规模增税易于引起人民不满,且有损于太祖圣君的形象,于是政府决定实行钞法,以实现其快速聚敛财富的目的。朱元璋过分迷信权力,性格又极为自信,我们很难解释他对宝钞的态度,黄仁宇认为,他的通胀政策实际上形成了一种新的税收形式,可以想见,无限制地发行纸币来支付开支,这些纸币不久就会饱和,没有证据显示他认识到这些背后的关系。①

从制造成本上讲,纸钞钞料廉价,与稀缺铜料相比节约了大量成本;从敛财效果上讲,国家无本无额发行宝钞,凭空获得一大笔财富,是最大受益者。用宝钞单向兑换民间金银,增加了国库的金银储备;宝钞更新时要收费用,国家再赚一笔。至于税收征钞,虽然减少了国家财政收入,但这些钞当时是以高价发行出去的,在贬值时回收,国家早把差价收入国库。

但明初老百姓刚刚经历了元末纸币贬值的痛苦经历,对纸币这样的国家信用货币心存疑虑。自给自足的生产模式,自然限制了人们对货币的需求量。而政府过分自信,根据财政开支需求,无本无额,把宝钞当成政府的提款机,且实行禁金、禁银、禁铜的政策,对旧钞更新不负责,同时缺乏回收机

① 参见[美]黄仁宇:《十六世纪明代中国之财政与税收》,阿风、许文继、倪玉平、徐卫平译,三联书店2001年版,第82页。

制,不顾钞法带来的种种危害而一味强制发行宝钞,使宝钞严重贬值,最终导致公众对宝钞丧失信心,对政府失去信任。

2. 无准备金且发行无额度

明代并没有沿袭宋元纸币制度发行宝钞,未有建立准备金制度,且无贵金属或宝货作支撑,只是依据政府威权,强力维持宝钞的价值,因此从某种意义上讲,大明宝钞的产生纯属无中生有。而现代经济学认为,发行货币是否有充足的准备金已不太重要,但对货币的信用属性更加关注,无须准备金而发行纸币,必须满足以下两个条件:第一,社会经济发展达到一定规模和水平,足以支撑一定数量的纸币流通;第二,有制度保证政府不超额发钞,社会对政府维持币值保持信心。但在古代中国,由于人们对纸币的认识有限,货币制度也未达到完备的阶段,人们对宝钞难以有十足的信心,故准备金制度实有其必要性。大明宝钞发行多少宝钞没有明确的界限,且为不可兑换性纸币,完全根据国家财政需求随意滥发,更以强制手段禁止民间用金、银及铜钱,企图巩固宝钞的币值,这种违背经济规律的做法,导致社会进入以物易物的交换模式,大大阻碍了社会经济发展,成为导致宝钞失败最大的致命伤。

大明宝钞失败的重要原因之一是发钞过多、过滥。按照现代经济学的观点,当人们预知政府将持续大量发行货币时,公众会预期该货币的购买力下跌,引发通货膨胀;若情况长期持续，公众自然会对主导发行货币的政府失去信心，轻则引致经济混乱，重则引起社会动荡。明朝实行钞法后，印钞活动除极少数时间外，年复一年地进行着，直至宣德三年六月，印钞才真正停止。在纸钞的发行上则是根据国家财政需求，随意而为，毫无制度可言。如常规的是将宝钞用于正常的财政支出，包括支发俸禄、军饷等，或以宝钞作为赏赐的工具，赏赐给皇子、军功大臣、高级官员及周边国家的国王使节，或是购买皇室所需的物品，如粮食或军用物资等，其流通量大得惊人。明代宝钞无限制发行，以弥补财政之需，不能给予人们信心，其失败自然是意料之内的事。

3. 不可兑换且无回收机制

稳定的货币政策是经济稳定的基础。但是，当大明宝钞价值持续下跌之时，明政府仍印造宝钞以应付庞大的财政赤字，且发行量远比回收量大，最终导致宝钞大幅贬值，人们转而选择其他通货或实物交易。明代行钞，为了换取民间金银，规定人民可用金银向国家兑换宝钞，却不能拿宝钞向国家兑换金银，也即是说，金银只能单向地由民间向国家流动，却不能由国家流向民间。

明朝不仅在初行钞法时规定，如果有用金银换取宝钞的当斩。永乐五年又规定，在京城设官库一所，凡有官员军民等值用金银换宝钞，不管多少，验明成色，尽数置换。这种官库一直存在至明仁宗上台。明朝各种史料文献中,这种记载官府以钞换民间金银的比比皆是,而在同一时期,却鲜见有老百姓可用宝钞向国家兑换金银的事例。

4. 纸币材质和形状的缺陷

彭信威教授认为:明朝的纸币制度,有一点是值得称述的,就是两百多年间,只用一种钞票。币制的统一虽然便于流通,但不足之处就是在流通与倒换方面存在隐患。大明宝钞以桑穰为材质,长一尺,宽六寸,其形状比 A4 纸稍长,折叠后才能携带出行,由于其韧性和耐久度较差,其折痕处更易磨损,宝钞倒换法本身存在制度性缺陷,因此,无论是流通、倒换都很不方便。宋朝时期,纸币造假已难禁止,界满回收旧钞时,往往超过当初发行的数量。明初,用锡板印制仿造伪钞的技术已十分完备,加之宝钞印制粗陋,易于仿制与造伪。但明初刑法严峻,洪武皇帝因宝钞造伪事,使“自京至于句容,其途九十里,所枭之尸籍望,其刑甚矣哉”。老百自然不敢以身试法。但是到了明中后期,内忧外患层出不穷,政府自顾不暇,对于民间造伪之事亦无暇顾及。

宋、金、元朝对纸币数百年的实践探索,建立了较为成熟的纸币制度。至明朝,本已经具备较为完备的条件推行纸币,而明政府却基于对中央权威的过分自信,自行其是,又以保守的心态,对历代纸币发行流通经验不闻不问,使宝钞的发行不但没有在前朝的基础上有所发展，反而在制度的设计及推行上显现出倒退的现象。明朝宝钞制度从头到尾显得一无是处，其失败的结果是不难预计的。

四、明朝时期纸币的管理思想

大明宝钞通行于明中期以前的百余年间，后因发行过多，壅滞不行，纸币逐渐走向衰落。在明代中前期，白银尚未获得法定地位之前，纸币管理理论围绕救钞产生，但思想均未突破宋金元时代。如陈瑛①、夏原吉②等认为“钞多则轻，少则重”，因此要求紧缩通货，回笼货币，以提高纸币购买力，这在宋已是熟知的原则和经验。陈瑛与夏原吉提议实行的户口食盐法、增添市肆、门摊诸税等具体措施，无非都是为了回笼货币，维持纸币的购买力。

关于纸币制度，夏原吉主张：重建宝钞，一准洪武初制，务使新旧兼行，取元日所造之数而损益之，审国家之用而经度之，每季印造几何？内府供用几何？给赐几何？天下课税日

① 陈瑛，滁州（今安徽滁州）人，洪武时期以人才贡入太学，曾出任山东按察使，都察院左都御史等职。

② 夏原吉，湖南长沙人，曾主持财政事宜达30年，为官五朝。

收几何？官吏俸给几何？以此出入之数，每加数量，用之不奢，取之适宜，俾钞罕而物广，钞重而物轻，则钞法流通，永无弊。他认为纸币发行要严格审度，用之不奢，取之适宜这是正确的，但适度的标准是什么，他认为要以元代旧日发钞额为参考，根据国用之需要而增减之，在理论则是错误的。因为纸币的发行不应根据财政的需要，而是根据流通的经济需要才能保持纸币币值的稳定。夏原吉的观点是错误的，当然在皇权至上的封建社会，即便他认识到保持货币稳定的真正因素，恐怕也是无法施行的。

宣德年间，湖南永新人刘定之[①]在其著作《十科策略》中，有两卷专门论述货币，特别是纸币的相关理论，即卷六"户科"的"历朝钱法楮法得失"和卷十"工科"的"钱钞法制异同"。刘定之论述了金属货币和纸币的起源后，对钱币和纸币持同样肯定的态度。他说："珠玉金宝可以为用矣，而不能多得。谷粟布帛可以为用矣，而不能致远。腰万贯之缗，手方寸之楮，寒可以衣，饥可以食，不珠玉而自富，不金宝而自足，盖亦古人抚世便民之良规也。"即珠玉金宝、谷粟布帛乃至方寸之楮都是寒可以衣、饥可以食的。他赞成以纸币代替钱币流通，

---

① 刘定之，字主静，号保斋、呆斋，江西永新人，官至礼部左侍郎兼翰林院学士。

他所说的“楮”是指不兑现的纸币，他甚至没有考虑纸币应否兑现的问题。

针对明朝货币贬值不已的情况，刘定之主张实行通货紧缩政策，以保持货币流通的稳定。他分别对钱币、纸币提出不同的办法。对钱币而言，他仅从分量轻重考虑而不顾及数量，认为“钱轻则物必重，而有壅遏不行之患；钱重则物必轻，而有盗铸不已之忧”。这个观点立足于钱的分量轻重，说明他看到了铸造适当重量钱币的重要性，但市场流通的钱币总量这一根本问题却被他忽略了。对纸币而言，他主张控制流通数量：“夫少造之则钞贵，而过少则不足以用；多造之则钞贱，而过多则不可以行。”只有适当的发行数量，才能使纸币的币值保持稳定，这种观点并没有超越他的前代。刘定之尖锐批评当时的纸币制度，并提出改善纸币流通的办法，提出或改换新钞，或收回旧钞。他将收回旧钞和改换新钞当作两件毫不相干的事，实际上改换新钞也必须收回旧钞，这是他理论上不周之处。

明中叶后期因白银的流通数量大增，各种交易、纳税等都用银，白银地位的上升，使贵金属与纸币之间的关系成为热点问题，纸币与国命之间的关系也有一些议论，这一时期最有代表性的人物应是邱浚（亦作濬）。邱浚，字仲深，号深庵，广东琼州府琼山（今海南省琼山市）人，从英宗到孝宗四朝为官，官至文渊阁大学士。他的《大学衍义补》一书有“铜楮之币”两卷专门阐述货币理论。他根据当时宝钞的流通现状，并根据当时的社会经济发展状况，重新阐发了货币金属论。他提出金属货币、银钱与纸钞三者并行的货币制度，并将白银提高为主币地位，即以银为主，钱钞为辅的货币流通体制。他认为，“必物与币两相当值，而无轻重悬绝之偏，然后可久行而无弊”。

邱浚显然是一个偏于金属主义的货币论者，他认为，官府发行纸币是为了聚敛财富而对人民掠夺。他认为铸大钱已是“罔利”，纸币更是人君，“设为阴谋潜夺之术，以无用之物而致有用之财，以为私利”。邱浚建议实行的以银为主要货币的制度，突出了白银为主要货币的地位，但这并不是近代意义上的银本位制度，因为银与铜并非严格意义上的主辅币关系，铜钱并无支付额上的限制，而是足值的货币，这实际上是银铜复本位关系。邱浚在货币理论方面较前人的进步之处，是他在阐述货币理论时，从劳动消耗的角度接触了商品的价值、价格等问题，他认为世间万物都是由“人力”创造的，“功力”的深浅决定了价值的多少。“功”即表示劳动，价值的多少由劳动耗费的多少来决定，价值的多少表现为价格的高低，这表现了他朴素的劳动价值观。他认为商品和货币交换，必须遵循等价交换的原则，而纸币的成本低廉，因此用“三五钱”纸币来交换由“一日之功所成”的商品是违反等价交换原则的，因此，他认为纸币流通是不合理的,进而提倡足值币和以银为本位的钱钞兼行制度,保证纸币的可兑换性。

明末内忧外患,国用匮乏,明王朝又乞求铸大钱,行钞法。在万历年间给事中郝敬和天启年间兵部尚书王象乾建议铸大钱的同时,崇祯时桐城生员蒋臣提出了行钞计划,以白银为准备金,钞一贯合银一两(实卖九钱七分)或铜钱一千文,但他所谓的准备金,全靠发钞去换民间的白银,其搜刮白银的企图一目了然。因而阁臣蒋德璟说:“民虽愚,谁肯以一金买一纸?”其行钞计划自然无疾而终。

第三章　为稳定钞值采取的法制措施及社会影响

一、政府为维持钞值采取的管理办法

从明代货币的实际运作来看，政府推行强行压制民间的商品货币体系，在明前期形成了钞、钱并行的二元货币制度。但明朝钞法的运作并非事先就有很好的理论及技术作为支撑，在钞法运作不善，遇到造伪钞、钞昏烂、不断贬值、发行和回收管理不善及缺乏从中央到地方的金融机构等诸多问题时，明朝政府为维护宝钞法定货币的地位，虽然采取了多种救钞措施，但均未能有效解决问题，最终不得不放弃宝钞。

1. 强行维护宝钞的法定地位

对于钞法出现的各种弊端，明朝统治者竭尽全力进行抢救，但由于认识不同，所采取的方式也因人、因时而不同。总的说来，洪武时期主要以法制形式禁用其他金属货币并规定钞值，以国家强制力强行维持宝钞法定货币的地位。

明初政府制定了一系列制度来维持宝钞的法定地位，包括货币之间的兑换、禁止金属货币流通、禁止民间私自收藏铜料和采矿等。洪武八年，初造大明宝钞之时，国家规定钞、钱、银与黄金有如下的兑换关系：一贯钞 = 一千文钱 = 一两银 = 四分之一两黄金，这是洪武八年货币兑换比价的参照系。为稳定宝钞作为法定货币的地位，明朝政府非常重视洪武八年所定货币之间的比价，在大明宝钞不断贬值的情况下，政府严防死守一再重申这一货币兑换体系。但是，由于大明宝钞贬值的趋势无可逆转，明政府最终不得不放弃这一货币兑换体系。

明朝统治者禁止使用金属货币。明朝政府初行钞法时，就规定大额税收、大宗贸易都要用宝钞作为支付的手段，铜钱只能用于民间日常交易，“凡商税课，钱钞兼收，钱十之三，钞十之七，一百文以下则止用铜钱”。对宝钞与铜钱而言，金银交易遭到国家的严令禁止,违者治其罪,还要奖赏告发者。这种制度安排主要是为了保障宝钞的法定地位。洪武二十三年,政府又铸造了从十文至五十文不等的小钞,用于民间日常贸易。小钞挤占了铜钱作为辅币地位,实际上又进一步巩固了宝钞的法定地位。洪武二十七年,为了保障宝钞的流通,政府除禁金银外,又颁布禁钱令,宝钞成为唯一的法定货币,这一政策宣告明朝实行单一货币流通制度。

为巩固和维护宝钞的法定地位,政府还在一定时期内实行禁止民间私采金银矿藏和收藏铜料的政策。洪武初期曾严令:老百姓的家中除镜子、军器外,寺观庵院除钟、磬、铙、钹外,有废铜者必须送至官府,以每斤给铜钱一百五十文的价格收购,如果有私下交易或私藏家中的,各笞四十。并把这条制度写进了《大明律》。此禁令一方面缓解了国家因铸造铜钱,面临铜料匮乏的困境;另一方面维护了宝钞的法定地位。

2. 倒钞法

明朝政府发行纸币,因无贵金属或实物作为准备金,造成宝钞在流通中投放过多而回笼少的困境。初行钞法时,政府也没有规定旧币更换办法,洪武九年(1376 年),便出现了旧钞问题,于是制定倒钞法,对宝钞实行以旧换新来应对,即所谓“其行用库,收换昏钞之法”。该法规定,各地设置行用库,有计划地安排人们以破旧的宝钞更换新钞。“每昏烂钞一贯,收工墨值三十文,五百文以下递减之。”在换钞过程中,政府按照元代的旧例,收取“易换工墨”的费用,即收取一定的手续费:每换一贯钞收取三十文工墨费用,五百文以下则按比例依次递减。①

倒换的旧钞达到国家认可的破损标准,便在钞面上用墨印“昏钞”二字,封收入库,每季度送交户部处理。此外,另设宝钞行用库于京师东市以收旧钞。但倒钞法很不成功,洪武十三年五月,由于“收换昏钞之法,本以便民,然民多缘法为奸诈,每以堪用之钞,辄来易换者”。尽管政府强调旧钞与新钞一样等值通用,但在实际使用中,旧钞不仅价值远远低于新钞,而且在流通中也面临着很大的阻力,甚至“市井交易惟用新钞,稍昏软辄不用”。国家对这一现象虽然三令五申予以禁止,但无济于事。由于旧钞购买力差且使用受阻,人们尽量想方设法在倒钞法规定的有限时间内,将手中的旧钞换成新钞,而不管这些钞是否达到了国家规定的破损标准。甚至“非昏软者亦揉烂以易新者”。这样一来,旧钞问题不仅没有得到根本解决,由于政府不认真执行倒钞法而又出现了新的问题,转而成为实行倒钞法的障碍,使钞法陷入恶性循环。

明政府虽制定了倒钞法,对宝钞实行以旧换新,但真正推

---

① 参见《明太祖实录》洪武九年七月甲子条。

行这一办法的时候并不多。从洪武九年立倒钞法，到洪武十三年五月，在这不满4年的时间内，户部官员说："在外行用库裁革已久，今宜复置。"复置行用库后只过了半年，又"罢在京行用库"。根据明代外地的行用库通常罢得更早来推断，京城以外的行用库此时很可能已经不存在了。洪武二十三年十月，复出新钞于承天门外，听民易换，"凡五阅月而复罢"。明政府于洪武二十五年（1392年），再一次重申倒钞法，又分别设立了3个宝钞行用库，其载"（每）库给钞三万锭为钞本，倒收旧钞送内库"，但"行之逾年而复罢"。可见，当时人能用旧钞兑换新钞的机会实际上是很少的。

明朝倒钞法旨在有计划及有限度地回收旧钞并进行销毁。然倒钞法制度不健全，实不如宋代"三年一界制"符合实际情况，如宋代规定会子三年为一界，3年后，除可换领新一界的会子外，钞票亦可以兑换银、铜等金属货币或其他宝货，这有助于稳定人们对钞票的信心。倒钞法则只有限额地允许破旧的钞票更换新钞，造成市面上新钞与旧钞不同价值的现象，加之兑换过程中出现的各种徇私舞弊现象，这实际上加速破坏了公众对宝钞的信心。

3. 户口食盐法

永乐二年八月，都察院左都御史陈瑛根据部分地区的做法，提出以户口食盐法回收宝钞，以稳定钞值。陈瑛认为钞法不通的原因是:朝廷发行宝钞太多,而又无法收敛,以致物重钞轻,宝钞贬值。他认为政府应该收钞,即回笼货币,以提升宝钞的购买力,稳定币值。陈瑛算了一笔账,“以天下通计,人民不下一千万户,军官不下二百万家。若是大口月食盐二斤,纳钞二贯,小口一斤,纳钞一贯,约以一户五口,季可收五千余万锭。行之数月,钞必可重”。经过讨论,成祖认为户口食盐法可以推广,但对纳钞数量减半,改大口月食盐一斤,纳钞一贯,小口月食盐半斤,纳钞五百文,认为这样可以实行得较为长久。为谨慎起见,作为权宜之策,户口食盐纳钞开始控制在有限的四五个地区施行,称“盐钞”。

户口食盐纳钞在具体施行过程中,永乐、洪熙、宣德时期就已经产生了诸多的负面问题。如宣德五年,在江西等地,有些地方政府为了保证户口盐钞的征收数目,不顾当地户口的实际情况,对老弱病残等无力纳钞者甚至死人等户口盐钞皆照征不贷,以至于民间出现典卖男女易钞纳钞的现象。

各地区的实际情况不同,也为户口食盐纳钞带来困难,特别是一些少数民族地方根本无法措办。如在贵州偏远的少数民族地区,当地老百姓自给自足,“商旅不至,兼无货易钞”,因为乡村小民得钞不易,百姓无从纳钞,只能纳米配盐,称“盐米”;宛平县西山等地百姓地瘠民贫,以卖艺为生,无货易钞,以黑豆等物折输。

自户口盐钞开征以来,最后竟然演变成固定的“课程”,不仅从未停征过,且最后出现百姓纳钞也无盐可食的荒唐局面。以致三朝老臣杨士奇说:“永乐年间,因钞法不通,令民照口数纳钞支与官盐。近年钞法通行,民纳盐钞如旧,盐课司十年、五年无盐支给,民人纳钞艰难,宜减半收钞,以苏民力。”成化时期,对户口盐钞的批评日趋尖锐,社会各阶层均一再敦促朝廷酌情减免,以缓解社会矛盾。鉴于这种情况,南直隶户部侍郎陈翌建议自成化元年开始予以减免。弘治以后,宝钞贬值弃用后,白银成为流通货币,户口食盐纳钞不仅没有被废除,竟乘势改为纳银,变相成为人头税。令人费解的是,户口盐钞本来是回笼纸钞的政策,以至于改为收银,且照收如旧,乃有明一代尽人皆知之弊政,朝野内外亦有陈言革除之人,最后竟至明亡依然征收,可见其货币政策荒唐到何种程度。

4. 增收各种商税杂税课钞

洪熙元年(1425 年)正月,钞法依然不通,仁宗遂生革除宝钞的念头,令户部尚书夏原吉等与群臣商议处置办法。如何做到钞法敛散有方,按现代金融学的办法,增加商品投放量,或者以贵金属金、银回购宝钞。但明王朝手中没有足够商品可供实施,更不愿也没有能力以贵金属回笼宝钞。如正统时少保黄福主张“宜量出官银”倒换旧钞,但被户部否决。朝臣反复会议的结果是,除了增加税种、税额和各式各样的罚款名目之外,别无他途。仁宗深知实施此种途径解决问题的隐祸,因此特别示谕:“此亦一时权宜耳,俟钞法稍通别议!”依然叮嘱这只能是权宜之策,一旦钞法通畅,“所增门摊课钞俟钞法通即复旧额,毋为常例”。自此,明廷在户口食盐纳钞以外,“于市肆各色门摊内量度轻重,加其课。”扩大了征税的项目和范围。

洪熙元年正月,户部提议“增北京顺天府、南京应天府并直隶苏州等府、州、县、镇市诸色店肆门摊课钞”。门摊税指的是店面税而非交易税,明初就已存在。户部提议时决定增收门摊税40倍,宣宗认为增加太多,降为5倍,并规定只在顺天、应天等府以及除云南、贵州之外的各行省中33个“商贾所集之处”城市增收,并交代,待钞法通畅即按旧例收税。

宣德四年六月,以钞法不行为由,户部议定对塌房等项纳钞,这一决定一举开征新税多种,范围从店肆门摊税等扩大到果株、蔬地、库房、塌坊、店舍、船只、驴骡车辆等各方面,并将此前零星纳入征税范围的征税项目明确化、制度化。首先开征的是蔬地果园种植税,八月,此税种推及广东、浙江、江西、山东、山西、河南、陕西等地,但税额略有降低,宣德六年又将蔬菜地种植税减半;宣德六年,对磨坊、油坊、木植场、砖瓦窑、车院店等征收数额不等的税钞,并于北京至南京的运河沿线主要城镇都县、临清、济宁、徐州、淮安、扬州和南京上新河等地设置7个钞关以征收船料税等。

在回笼宝钞的过程中,明王朝除了不断扩大征税名目、增加税种外,基本上毫无建树可言,夏原吉等提出的以增收商税杂税课钞的建议,有的以试点形式扩展至全国,有的直接在全国范围内开征,首开向社会中下阶层的商贩全面课税的滥觞,充分体现了明王朝的暴敛及无能,成为一恶政流布深远,影响长达200年之久。为什么南宋以来形成的"称提"制度明王朝弃之不用,一个浅显的道理,"称提"是以金银铜钱或宝货等回笼货币,明王朝既然不愿出钱,只能等着宝钞制度的崩溃。

5. 纳钞赎罪及罚钞

永乐二十二年九月,明政府为了救钞,在扩大税种外,又实行纳钞赎罪及罚钞的措施。"以钞法不通,命三法司军民犯笞杖者,定等第令输钞赎罪,不为常例。"永乐二十二年十月,又"命三法司自今私宰牛者十倍时值追钞,仍治私宰之罪"。如永乐二十二年十月,颁布私宰耕牛10倍罚钞令。这些政策措施被仁、宣宗继承沿用。宣德元年七月,明宣宗重申金银之禁令,凡以金银交易及藏匿货物高抬价值者,皆罚钞。宣德元年十月,重申"内外商税门摊等项俱依前例",并规定"今后若官吏军民人等犯笞杖罪,每一十赎钞一千贯"。同时又宣布罚钞赎赃例,金每两赎钞八万贯,银每两赎钞二千贯,铜、锡、铁、铅、给丝、罗、棱、官棉布等各有赎钞标准。各处赃罚俱折钞，不分新旧昏软，悉收。英宗时规定，阻钞者，罚钞一万贯，全家戍边。

6. 严禁造伪钞犯罪

为了防止民间伪造及使用伪钞，明政府颁布刑律严惩伪造和流通伪钞的行为。《大明律・刑法》规定："凡伪造宝钞，不分首从及窝主，若知情行使者，皆斩，财产并入官。告捕者，官给赏银二百五十两，仍给犯人财产。里长知而不首者，杖一百；不知者，不坐……若将宝钞挑剜补、辏描改以真作伪者，杖一百，流三千里，为从。及知情行使者，杖一百，徒三年。其同情伪造人有能悔过，捕获同伴首告者，与免本罪，亦依常人一体给赏。"对于私铸铜钱的现象规定："凡私铸造铜钱者，绞。匠人罪同。为从及知情买使者，各减一等，告捕者，官给赏银五十两。"①同样是货币造假，私造宝钞比私铸铜钱的处理就要严格很多，如告发伪造宝钞者赏银二百五十两，而私铸铜钱者则赏银只有五十两，相差五倍。可见明王朝对推行宝钞的决心之大。

由于古代纸币制作技术粗糙，辨认伪钞技术不高，明代随着手工业的发展与技术的普及，出现了专门从事伪钞伪币制

① 怀效锋点校：《大明律》，法律出版社1999年版，第193页。

造的队伍,加之古代纸币币材耐用性差,这为伪钞的流行提供了方便。虽然依照《大明律》对造伪钞者处罚极重,但仍阻挡不了铤而走险的冒险者。《御制大诰》第 48 条“伪钞”记载了一件伪钞案,朱元璋大开杀戒,自京至於句容,其途九十里,所枭之尸相望。其用刑不可谓不严,可不到 1 年,又发生造伪钞案。可见,严刑峻法也无法消除民间伪造宝钞的问题。

明政府通过上述措施,对稳定宝钞币值具有一定成效,特别是仁、宣宗时期,通过大规模的增税、罚钞等办法回笼宝钞,减少宝钞社会流通量。这种现象从国家财政年收入上可以得到证实,国家财政年收入中宝钞一项总计连年上升。另外,国家也逐渐停止印发宝钞,减少宝钞的市场投放,如宣宗时期以“钞法不通”,下令停发新钞,与此同时,以宝钞大肆赏赐公侯、军士的现象也基本停止了,使明中期曾出现钞法稍通、颇通的言论。但是以增税导致的钞法好转只是一种表面的、短期的现象,钞法的内在缺陷并未因此而消除,特别是以增税、罚钞等现象损害了百姓的利益,透支了政府的信用。总而言之,明朝政府在应对、解决纸币的恶性贬值危机时,除了增税课钞之外,别无他策。就在统治者产生这种乐观情绪不久,大明宝钞便作为古代纸币的最后阶段为中国古代纸币的发展画上了句号。

二、宝钞发行对社会经济的影响

1. 短期的积极作用

明朝通过无本无额大批印制纸钞，从民间聚敛了巨额财富，以应付明初的各项事业，虽然为后来财政和经济政策埋下巨大隐患，但在初期的国家统一与社会建设中发挥了重要作用。明朝在建立之初，面临着复杂的政治、军事局面。统一战争还在持续，如剿灭各地的军阀，逐元北伐战争，各项建设百业待举。洪武、永乐两朝加上中间的建文四年，总共近60年，根据《中国历代战争年表》统计，其间只有永乐二年、永乐十九年没有战事。另外，明朝的农民战争次数之多，规模之大，时间之久，分布地区之广，在历史上没有任何一个时期可以和明朝相比。[①] 军队要吃饭，要花钱，巨大的财政开支，压得刚成立的明王朝喘不过气来。

明王朝以农立国，在休养生息、轻徭薄赋的政策下，想依靠税收缓解财政压力是不可能的。洪武八年，大明宝钞的颁行为政府解决财政问题开辟了一条捷径。币制改革后，明朝

---

① 参见吴晗：《明朝历史的教训》，台海出版社2016年版，第266页。

政府主要将纸钞用于军事开支、赈济灾民等方面。大明宝钞保障了明初平定割据残余和成祖北征的顺利进行，为国家统一提供了有力的财政支持，具有重要的积极意义。

明初各项建设事业支出，宝钞也起到了不可替代的重要作用。如修复城池、营造宫殿等，俸禄发放、宗亲岁贡也逐渐纳入政府纸钞支出事项中。宝钞的发行的确减轻了明朝政府财政支出的压力，有利于明初政局稳定和国家建设。遇有战事胜利、敌将来降、士官朝拜、外国使节朝贡等，皇帝都要有所赏赐，明初宝钞是赏赐的重要手段。明朝政府还经常支出宝钞，用于赈济灾民，收揽民心，稳定社会。此类用钞支出，事例繁多，不可枚举。

明初宝钞的发行，不是明初商品经济发展的结果，而是从政府财政角度出发，缓和财政压力的结果。明朝政府通过币制改革，掌握了纸钞发行权，大量发行纸钞，用于各项开支，为明初国家统一与建设，提供了重要的财政支持。尽管因为宝钞印发太多，收敛无法，以致急剧贬值，最终造成钞法崩溃的局面，但我们也应肯定明宝钞的积极作用，它通过扩大政府信用，增加了政府的融资能力，这些宝钞应用于各项事业，推动了国家统一和社会建设。

2. 长期的消极作用

(1)滥发和失信导致宝钞贬值以及币制混乱

洪武八年推行钞法后，宝钞一直在贬值。与此同时，朝廷屡次颁布禁用金银交易的命令,铜钱只可用于小额商品交易。于是,宝钞作为王朝法定货币之主币强力推行,出现了在实际交易已经无法承担大宗交易所需的货币职能的尴尬局面。而铜钱由于面值较低,只能用于小额贸易,无法支撑繁荣的商品交易,加之受限于中国本土的铜源匮乏,市面上充斥着大量劣铜及伪钱,因失去信用导致价值贬损。永乐(1403~1424年)以后,因宝钞急剧贬值,铜钱价值贬损,而金、银又屡遭禁绝,最终引致货币供应量短缺,影响了商品交换和生产发展,造成明代中前期严重的经济萧条。

我们无法确切得知朱元璋初行宝钞时的考虑,但从一块宝钞的面积比当下A4纸还要大的形制来看,如此可观的尺幅,谈不上以携带方便促进商业流通经济发展。加之宝钞发行不久便急剧贬值,携带宝钞比携带等值的白银还要困难,甚至不如携带等值的铜钱。如此纸币,如何谈得上便民呢?对于大额交易来讲,实行钞法之初或许尚可带来一定便利,但到后来宝钞急剧贬值之时,可以说一点作用也没有了。

由于钞法不畅,明政府屡次颁布禁用金银交易的命令,其深层次的原因是国家以无价值的纸币剥夺百姓的金银。因为百姓可用金银兑钞,却不能用钞兑换金银。朝廷一方面控制货币的发行,以纸钞换取民间实在的劳动和实物;另一方面又以法律的形式,使金银单向流入国家腰包,无疑又对百姓剥削一层。明朝不仅禁止民间用金银交易,降低铜的法定地位,甚至在百姓以物易物时,还要禁止实物交易。根据傅衣凌先生对明前期徽州土地买卖的研究,可以得知,在洪武、永乐年间的土地交易主要以宝钞支付,但到了永乐以后,像土地买卖等大宗交易,竟倒退至以白银与稻谷、布帛等实物兼用的形式,相当繁荣的商品市场竟然回到物物交换的原始状态。宣德年间,有人甚至建议禁止民间以布帛、米麦等实物进行交易。所幸,宣宗还算清醒,“布帛菽粟,民所服食,不可一日无者,互相贸易,以厚其生,岂可禁绝”,予以坚决否定。

政府滥发宝钞,收敛无度,造成国家币制的混乱,使百姓无所适从,所以,在政府强力推行的法定货币体系之外,又自发衍生出一套民间通行的商品货币体系。这套体系中有白银、铜钱、棉布、绢帛、谷物等,而白银渐趋深化为这个货币体系中的主币。这是民间对国家机器推行币制的对抗,因此明政府从一开始就对民间的这套商品货币体系,特别是白银的货币化,采取粗暴的禁止措施,双方博弈的结果,自然是民间胜出,朝廷也不得不承认白银的价值。白银的货币化也使赋役改革出现征银的趋势。英宗时,开始以赋税征收作为“指挥棒”,允许赋税征折。至万历时张居正实行“一条鞭法”,国家收支变为主要用银,计量也以银为单位,相当于正式承认了以银作为明朝主要货币的地位。从禁金银,到白银作为主币,宝钞制度的崩溃,与明王朝的意志相左,是明王朝不愿看到,又不得不面对的现象。白银依靠自身价值流通,明王朝想通过货币手段调节财政收支,已无可能。

(2)货币回笼措施变成增加新税打击商民

明朝前期对宝钞的讨论主要指向政府滥发宝钞、回收无度等问题,直击大明宝钞贬值的根本原因。至宣德年间,议论话语发生重大转变。户部官员认为钞法不通是因为巨商富贾和权贵之家的不税或阻挠,于是把矛头指向这些人。不管是何种社会和国家,商人的目的就是追求利润,利用合法的手段达到获利目的是可以理解的,也是合乎商业逻辑的。即便他们在商业活动中存在利用国家政策漏洞牟利的现象,也只能说明这些政策中存在缺陷,国家应该及时调整政策,而不是违背正常的经济行为与规则打击商民。

但随着社会舆论的转变,明朝的敛钞政策进一步演化成大规模增税。诸如在影响其他赋税收入的情况下,增加户口食盐法、钞关、市肆门摊钞等新税种,以增税、罚钞等手段回笼宝钞,不仅侵犯了广大百姓的权利,也损害了公侯贵族、文武官员、富商巨贾的利益,实则是对全社会赤裸裸的劫夺。很多工商业较发达的地区,因征税无度,百姓疲弊以致不能聊生矣。更为荒谬的是,国家在采取加税手法敛钞时,通常都声称这些措施只是权宜之计，并再三许诺钞法通过后便停止。然而，成、弘之际宝钞基本退出流通市场，即明证国家所行救钞努力彻底失败，但钞法崩溃后，国家并未履行停止征税的诺言。从各地史志中，我们可以看到在钞法废弛后，大量税课名目被保留下来，不同的是征钞改为以征银的形式后演化为固定税，因而国家凭空增加一大笔财政收入。于是诸种政策措施变成了理财术，成为永久压在百姓身上的负担。如户口食盐法是按户口配盐征钞，钞法失败后，是依据户口失实的黄册，以征银的形式，凭空强制向人民征收人头税。扩增商税杂课税钞，改变了明代轻徭薄赋的传统，引发了国家赋税结构与制度的大变动。更为恶劣的是，开启了明朝诸多事例之先河。每当国家财政开支不足时，政府往往首先想到的就是增税。

(3)设立税关、制造贸易壁垒

宣宗时期，救钞运动的另一重要措施是广设钞关。《大明会典》载："国初，止有商税，未尝有船钞。至宣德间，始设钞关，凡七所。"宣德中，再将七关扩展至三十三关，至此，可以说钞关自东而西，贯穿南北，已遍布全国各地，征收来往大小车辆、船只的货物和料钞。钞关，顾名思义，征税的关卡。随着明后期白银货币化，其所获税课逐渐演变为本色、折色，并用于不同方面，如本色钱钞缴纳内库以备赏赐，折色银两则归太仓用于军饷等。钞关征收税项成为国家固定财政来源之一。

钞关原为国家回笼纸币而设,但钞法难以推行后,部分地区钞关被取消,但没被取消的钞关开始实行钱钞兼收。客观上讲,明后期商品经济发展迅速,国家征收一定的工商税收,为国家财政开源,也合乎情理。钞关的设立,一定程度上阻碍了国内商业贸易的自由开展,人为地制造了国内贸易壁垒,影响了明代社会商品经济正常有序地发展,其弊端显而易见。如官吏、军民等装载货物过关之时,税关官吏在毫无监督机制下滥用手中权力,滥设名目,勒索钱财,过关者层层受剥,多番纳税,几无利益可获。此外,由各地设立钞关,商旅"畏避税重,不肯来京,致使百物腾贵",造成京师地区物重钞轻的恶性循环后果。

(4)折俸制及其恶劣影响

古代官员的工资一般称俸禄,包括"俸"与"禄"两部分。一般说来,"俸"指货币,"禄"指实物。朱元璋在创立明朝时,着眼点在于保存农业社会的俭朴之风,确立了一整套政治和经济制度,官员的薪金微薄,仅供一家糊口。① 明初各级官员按照品位发放宝钞及实物作为俸禄。随着宝钞的大幅贬值,

① 参见[美]黄仁宇:《万历十五年》,三联书店1997年版,第169页。

甚至在民间宝钞被弃之不用时，明政府依然以宝钞作为官俸的主要支付手段，这意味着明朝官员的实际工资收入下降，生活日益穷困。

明朝官员分为九品，每品又分为“正”和“从”两档，共18个档次。朱元璋于洪武四年(1371年)、洪武十三年(1380年)和洪武二十年(1387年)三次为文官定薪，从最高的正一品到最低的从九品形成18档工资体系。洪武二十年(1387年)的工资改革，标准较之前有所降低，取消了俸钞，工资主要以禄米的形式发放。但是，到了洪武三十五年(1402年)，朝廷颁布诏令，将各级官员禄米中的一部分折成银钞发放，官员品级不同，发放米和银钞的比例也不同，总体来说，品级越高，薪俸中的银钞占比越高，这种“米钞兼支”的办法就是“折俸”。随着政策的变化，折俸制度也在不断发生变化，折合的物品和比例都在不断调整，总趋势是禄米越来越少，银钞以及其他实物越来越多，尤其是朝廷迁往北京后，受漕运能力的限制，禄米的占比大幅减少。

“折俸”造成明朝官员的低薪。清人赵翼说“明官俸最薄”，指的就是经“折俸”后的薪俸水平。顾炎武在《日知录》中剖析：“今日贪取之风，所以固胶于人心而不可去者，以俸给之薄而无以赡其家也。”在明朝官员低薪制的影响下，政府和军队自然难以维持清廉。明中叶以后，政治及军事呈现衰颓之势,应和明代的折俸制及宝钞贬值对官员俸禄的降低关系密切。

(5)官府豪绅以钞害民

从钞法中获得好处的,还有贪赃枉法的官吏、投机钻营的商人和借机作恶的市井无赖。如明初实行倒钞法时,由于新旧钞的价值悬殊,某些商贾在交易中对旧钞"率多高其值以折抑之,比于新钞加至倍"。税务官员在征收商税课程时"皆收新钞",及至输库,"辄易以昏烂者"。明朝中期后,当商品交换中已经不再使用宝钞时,某些不法的官吏和善于投机钻营的富户又借鬻钞大发横财。国家及某些官吏、商贾从钞法中获得好处,而对于一般老百姓而言,钞法推行带来的则是弊大于利。最终财政负担不仅要由老百姓承受,而且推行钞法的种种措施,最终的受害者也是老百姓。如成化年间,一千贯宝钞只值银四五钱,而"在京势要殷富之家往往载于各布政司及府州县,公行嘱托,每钞千贯征银五两,其利十倍"。京城里的无籍之徒则"驾称权势,强卖钞贯,多取人财"。再如明朝宣德年间,令临清等处有塌房店舍者纳钞,"有司令里老开报塌房,一时畏惧,凡街市人户俱作停货店舍,每月各纳钞五百贯"。景泰五年七月,户部复奏请"令两京塌房、店舍、菜果园并各色铺行,俱仍减轻纳钞有差","军民人等畏惧纳钞艰难,有将铺面关闭不敢买卖者,有将园蔬拔弃而平为空地者,有将果树砍伐而减少株数者”。

综上所述,明朝实行钞法,统治者不是为了便民和避免征铜扰民的弊端,主观上讲主要是为了聚敛财富。这种动机导致明朝的钞法在实行后不久便出现各种问题并迅速趋于崩溃。在钞法实行的过程中,明政府得到短期的好处,如洪武永乐至宣德间连年征战,大动土木,均依靠无限制发钞,致使宝钞发生剧烈的通货膨胀。其间政府为了救钞,也曾尝试过多种纸币回笼等措施以遏制通胀,企图使钞法通畅,但事实上,这些收缩通货的举措非但不能挽救宝钞,反而是饮鸩止渴、剜肉补疮,某些不法官吏、显贵之家、奸诈商贾趁机上下其手,鱼肉乡里,普通百姓怨声载道,不堪重负。及至明末,阉党乱政,灾荒频仍,边患四起,国家财政面临空前危机,朝中离心离德,政府信任崩溃。崇祯帝想再行钞,从民间聚敛财富,弥补财政赤字,补充军费和各项开支,已再无可能。

明朝纸币发行的不景气,说明纸币在我国已经暂时由盛转衰,这为随后纸币的发行中断作了历史铺垫。清朝顺治八年(1651 年)开始发行纸币,至顺治十八年(1661 年)停止发行,中国古代纸币至此停止发行。有人推测,清朝停止发行纸币,除吸收了宋、金、元、明的教训外,更重要的是清朝是女真人的后裔,他们对金发行纸币加速王朝灭亡的伤痛教训刻骨铭心。清朝停止发行纸币，这在我国历史上意义重大，因为我国从北宋开始的纸币发行由此中断，而且中断的时间长达 190 余年。①

① 参见汪圣铎：《中国钱币史话》，中华书局 1998 年版，第 168 页。

第四章　明朝行钞失败的原因分析及历史评价

一、原因分析

1. 中央集权的膨胀与文化专制的加强

(1) 明初中央集权的膨胀和君主专制的发展

史学大师陈寅恪先生曾说:“华夏民族之文化,历数千载之演进,造极于赵宋之世。后渐衰微,终必复振。”这里的文化应不仅包括理学、心学、文学、史学等方面的成就,还包括政治文明、经济发展、科技进步等，是对宋朝达到整个封建社会的高峰之巅的概括，宋以后，元明清逐渐走了下坡路，而陈寅恪先生认为中华民族终将走向伟大的复兴。

宋太祖在建宋之初，杯酒释兵权，用和平的办法解决武将对国家的威胁；设中书省、枢密院、三司分别管理政事、军事和财政，三衙分立，以防大臣专权；置御史台和谏院广开言路，准"风闻言事"，开清明之治，皇权受相权的严格制约，形成君臣共治天下的局面。宋朝儒士虽然鼓吹绝对忠君，对君权至高无上进行了理论强化，但又强调道统高于君统的学说，以天道约束皇权。在宋朝，皇帝独裁专断，大臣沦为事务官，是极不正常的现象。宰相杜范说："凡废置予夺，(皇帝)一切以宰执熟议其可否，而后见之施行。如有未当，给、舍得以缴驳，台、谏得以论奏。是以天下为天下，不以一己为天下，虽万世不易可也。"朝廷出台政策，皇帝必须充分征求大臣的意见，广泛讨论后，得到认可才能颁布实施，否则大臣可以"封驳"，拒不执行皇帝的命令，而皇帝最多也只能撤换大臣。宋代皇帝还"畏天、畏祖宗之法、畏史笔如刀"，因心存敬畏，故不敢"行乱政"。

鉴于唐末、五代的严刑峻法，宋太祖统一中国后行宽仁之政，建隆四年颁行的《宋刑统》，除废除了一系列残酷刑罚外，还以"折杖法"作为"笞、杖、徒、流"的代用刑，变相减轻刑罚，使"流罪得免远徙，徒罪得免役年，笞杖得免决数"。《宋史·

刑法志》载:“宋立法之制严,而用法之情恕。”历代刑律,以宋最宽,实不为过。

一系列的政策,使宋朝初年已绽放出政治文明的霞光。据《续资治通鉴宋纪》载:有一次宋太祖在后园用弹弓打鸟,某臣称有急事求见,结果所奏不过平常琐事,太祖诘问其故。大臣说:“臣以尚急于弹雀。”太祖大怒,随手操斧柄将其两颗牙齿打落,那人俯身捡起牙齿揣在怀里。太祖骂道:”汝怀齿,欲讼我耶?”大臣说:“臣不能讼陛下,自当有史官书之。”太祖闻言,忙赐金帛慰劳。《宋史,列传第二十四吕蒙正传》载:淳化五年(994 年),宋太宗向群臣自我表扬,认为社会如此繁荣,是自己治理有水平。宰相吕蒙正却不以为然:“乘舆所在,士庶走集,故繁盛如此。臣常见都城外不数里,饥寒而死者甚众,未必尽然。愿陛下视近以及远,苍生之幸也。”翻开宋史,众多这样的例子,使宋朝政治文明的气息扑面而来。宋代的清明之治,在长度、广度和深度上都超越了“文景之治”“贞观之治”“开元盛世”,这是世界上首张纸币——交子产生的最基础的社会文化土壤。

朱元璋在北伐檄文中提到“驱逐胡虏,恢复中华”,将“复汉官之威仪”作为反元口号和政治理想追求。所谓汉官威仪,是指中原汉族传统的礼仪制度。因此,明朝建立以后,朱元璋和谋士们极力在国家意识和政治体制上恢复到儒家文化和汉族政治传统的原有形态，“国朝政典，多准周官”，即多以儒家“先王之教”为准，这种政治理念使明朝在国家意识形态上与元朝产生明显的断裂。但值得注意的是，明虽然从主观情感上意欲向宋回归，但明脱胎于元，在红巾军时期就一步步从元体制内衍生而来，特别是明建立后，由于自身制度建设匮乏，不可能重起炉灶，很多制度是直接承元而来。李治安所言：“蒙元灭金宋后，缔造了一个新的中国，一个具有草原帝国意义的中国。更为重要的是，元把这份遗产留给了明，只是这份家业在明的手中有所萎缩，而到清才得以发扬光大。”①足见元对明的影响深远。正所谓“远亲不如近邻”，对于明来说汉官威仪就如远亲，由于时间久远，这种血脉关系已变得十分模糊，而元的影响实实在在就在眼前，政治经济文化社会等方方面面，不管你愿不愿意，必须全盘接纳。

更为重要的是，朱元璋来自无所依傍的底层，从未凭借某个强势社会阶层或其他政治民族集团的帮助，加之其以“恢复中华”有功自居，这使明初国家，特别是君主具有空前的合法性，君权得以肆无忌惮地伸张，有明显加强的趋势，且杂糅宋金元不同的特点。如宋儒虽然鼓吹绝对忠君，对君权至高无

① 赵世瑜：《明清史与宋元史：史学史与社会史视角的反思——兼评〈中国历史上的宋元明变迁〉》，载《北京师范大学学报（社会科学版）》2007 年第 5 期。

上进行了理论强化，但同时强调君权要合道统，遵循天道伦理，在现实中君主权力受到严格制衡，要与官僚士大夫共治天下；金的游牧民族最初遵循贵族同宗合作的传统开创政权，君权至上并不合女真古法；元代的君主专制则表现为重用家奴，委托臣僚，以致权相跋扈。明代君权从这三方面汲取集权营养，并发扬光大。

明初，朱元璋定都南京，以中书省、大都督府、御史台为政府的最高机构，丞相为中书省最高长官，负责统领六部；大都督府统领所有军队、容纳几乎所有武将，这无疑是元朝设中书省、枢密院、御史台的直接遗产。元朝宰相按惯例节制、干预枢密院事务，并兼领卫军，使中书省大权独揽，明初中书省权力被削弱，使中央政府权力由三大机构分割，形式与秦汉三公相似。但朱元璋依然忌惮相权，洪武十三年(1380 年)，胡惟庸案后，朱元璋废丞相，罢中书省，将中书省的权力散于六部，原中书省官属尽革，只留中书舍人。丞相和中书省的废除，等于取消了士大夫官僚体制内制约皇权的代表性力量，取消了“君权相权互动”的机制，意味着君臣之间的合作关系完全被上下关系所取代。历史上的君权和相权到此合一了，皇帝兼理宰相职务，皇权由之达到极峰。①

---

① 参见吴晗：《朱元璋传》，长江文艺出版社 2016 年版，第 125 页。

在强化中央集权的同时,明政府也对地方权力进行分割削弱,以使他们无力对抗中央。明建立初期,各地分设行省、行都督府、按察司,后来行省改为布政使司,行都督府改为都卫、都司,最终形成三司并立、分权制衡的局面。而明朝行省的地位也一降再降。朱元璋认为,承宣布政使司的职责只是"承者,朕命也。宣者,代言之也。布者,张陈之",[①]其行政长官布政使的级别更是低于都指挥使。这样一来,地方权力被分割,无力和中央对抗,消除了割据之患,但行政效率也大大降低。

朱元璋为了削弱开国勋贵武将们的权力,消除勋贵集团对国家潜在的威胁,早在洪武前期,就把勋贵武将从中央政府三大机构清出,赐予他们良田美宅,剥夺他们参预政务的机会。随着政权的稳定,朱元璋着手彻底解决这一问题,从洪武七年(1374 年)开始,持续发动了大规模的清洗运动,其手段之残忍,历史罕见,先后制造了空印案、胡惟庸之狱、郭桓案、李善长之狱、蓝玉之狱等,仅胡、蓝之狱,连坐族诛功臣及其亲属就 4 万余人。[②]

---

① 《明太祖御制文集》卷四《承宣布政使司诰》。

② 参见(清)张廷玉等:《明史》卷一三二《蓝玉传》,中华书局 1974 年版,第 3866 页;(清)张廷玉等:《明史》卷三〇八《胡惟庸传》,中华书局 1974 年版,第 7908 页。

为加强中央集权，朱元璋严厉限制兵将之间的结交，据《明兴野记》载："非奉旨，敢有公侯门下往来及侍从出入者，斩，家产籍没。"甚至不惜以牺牲部队的战斗力为代价，在地方上创建卫所取代部族兵制。"（卫所军士）遇有事征调，则分统于诸将。无事则散还各卫，管军官员不许擅自调用。操练抚绥，务在得宜。违者俱论如律。"①将领只能指挥临时派发给他的士兵，而负责管理的武官只负责训练，没有指挥权，这意味着兵将一体、随时备战的常备军被取缔了。

总之，明初君权膨胀，中央和地方政府权力被分割，勋贵兵权被剥夺，武将统兵受到限制。建文帝时期实行了短暂的改制，朱棣夺位后，为标榜夺位的合法性，否决建文帝改制，祖制的威权如废相、分封、兵将分离等至少在形式上要加以维持，这一直持续到宣德、正统等时期。

（2）文化专制的加强和儒生主体意识的退化

元朝入主中原虽然对汉地传统文化影响深远，但由于其奉行宗教自由、观念宽容的政策，对以儒家为主体的中原文化不感兴趣，所以并未真正割断北方地区和东南地区的文化生态。元朝确立科举考试的正统地位，尽管科举考试在元朝的政治生活中并不重要，儒学观念也无官方扶植，但由于儒学本

---

① 《明太祖实录》洪武七年八月甲午。

身的生命力，在地方和基层社会中得到了应有的普及和自由发展。

朱元璋的部队脱胎于江北红军，带有秘密宗教色彩，其兵员大都来自濠、泗、汝、颍、寿春、定远等淮西贫瘠区域，地跨淮水南北岸，“习勤苦，不知奢侈，非若江南耽逸乐者比”。[①] 他们形成一个相对封闭的特权利益集团。唐宋以后，由于北方饱受战创，中国文化重心南移，及至宋，原来北方举子在科举中占绝对优势的态势，转而为南方举子占据优势。朱元璋的经历使他在明朝建立过程中，对知识阶层不会有太多好感。又因为当时很多苏松“大户”士人依附对手张士诚，江南士人始终不可能成为朱元璋信任和依赖的力量，对士大夫阶层长期采取蔑视、排挤的态度，尽管刘基、宋濂等部分浙东、江东文士曾出任朱元璋的谋士，但他们在政权建设中并无太大发言权。[②] 加之朱元璋个人“乞丐和尚”的卑微出身，刚愎不逊，师心自用，对两宋文化不可能有特别的兴趣，更不可能有深刻体会。其托名复宋，恢复中华的口号，更多的是出于政治上的需要。

元代及以前，士大夫遵奉“达者兼济天下，穷者独善其身”

① （清）谈迁撰：《国榷》卷二，上海古籍出版社 2008 年版，第 342 页。

② 参见董刚：《元末明初浙东士大夫群体研究》，浙江大学 2004 年博士学位论文，第 39 ~ 41 页。

“出处进退必有道”的信条，君主有道，进而入仕；君主无道，则退而归隐。陶渊明的归去来兮，范仲淹“居庙堂之高则忧其民，处江湖之远则忧其君”的词句，正是儒家士大夫出仕入相和退而隐居的状态，而隐居山林的名儒士人是否被君主以礼招用，被长期奉为君主是否有道的重要标准。然而，明朝《大诰》却规定，谁敢隐居山野“不为君用”，就是大逆不道，甚至会招致杀身籍没之祸，从而剥夺了士大夫退而隐居山林的权利或自由。《明史·隐逸传》所载刘闵、陈继儒等欲辞官隐居，慑于朝廷淫威，必须由知府“请遂其志”，得到朝廷批准才敢成行，就是怕因此引来祸端。①

明朝废中书省和丞相后，内阁在初期只是皇帝的御用秘书机构，并始终与金元“家臣治国”、臣僚奴化的旧俗混杂，进一步强化了整个官僚体系的奴化倾向。明史专家吴晗一针见血地指出，元明清三代君臣关系转变为主奴化。李治安也认为：“在君臣关系主奴化方面，明朝沿袭元制较多。”②臣僚彻底沦为君主意愿的接受者和执行者，为皇帝独裁专制的非正规性或随意性大开“绿灯”，使君权和中央政府的形态出现了前所未有的局面。皇帝独裁专制以臣僚奴化为代价来强化皇

---

① 参见（清）张廷玉等：《明史》，中华书局1974年版，第5103～5108页。

② 李治安：《元代及明前期社会变动初探》，载《中国史研究》2005年第S1期。

权,这是元明清皇帝独裁与唐宋君主专制的差异所在。由于中央集权的膨胀,加之以士人为主体的官僚机构的边缘化和奴化倾向,明初士大夫在社会秩序建设中的作用,无法与唐宋时期相比,甚至不如元朝。

明朝直到洪武中后期才确立科举取士制度,承认理学的“国家思想化”,[①]儒家思想成为国家主流的意识形态,然而真正全面接收士大夫加入政权,是在土木之变军功勋贵集团大部覆灭以后。另外,明初统治者刚愎自用,不与任何阶层、集团合作,更无须妥协退让,借助“恢复中华文化”的口号,加强对社会的控制和管理,实行文化高压与教育垄断,士大夫除了选择与政府合作,没有丝毫反抗、异论、退隐的余地。

为了弥补人才的不足,明朝设立国子监来训练大量官僚。国子监的功课内容分《御制大诰》、《大明律令》、《四书五经》、刘向的《说苑》等,学校生员除了尊君和盲从古人外,不许有新思想、言论。整个思想界和政治界,从童生到当国执政,都向往“三王”,服膺儒术,都以为“天王圣明,臣罪当诛”,挨了打是“恩谴”,被斫了头是“赐死”,[②]更有甚者,痛决、充军、罚充吏役、饿死、自缢、枭首、凌迟,一大串刑罚名词,与其说国子监是

① 参见钱茂伟:《国家、科举与社会——以明代为中心的考察》,北京图书馆出版社2004年版,第27~32页。

② 参见吴晗:《明朝历史的教训》,台海出版社2016年版,第27页。

学校,不如说是集中营、刑场更为合适。[①]

为了打击士人,加强文化专制,朱元璋还屡兴大狱,处置触犯皇权的权贵,滥杀大臣,对不为所用的士人更是大开杀戒,并以“君主即名教”充当镇压、诛杀士大夫的理论依据。元朝捶击笞责官员,是以奴为相向官场推演的结果,以侵辱人身肉体方式打击其思想和精神。到了明朝则发展为更残酷的廷杖,并经常排练,打出章法规矩,打成大明的国粹。从明初一直打到明末,到崇祯皇帝仍不愿丢弃祖宗留下的法宝,由此,君臣关系经元入明,步入最黑暗的时代。[②]

在夹缝中生存的明朝儒士进退两难:一方面不能归隐山林与政府保持相安无事、若即若离的状态,另一方面入仕则面临奴化的官场,更遑论君主与士大夫共治天下了。他们左也不是,右也不是,真是“知惧而莫测其端了”。[③] 尽管他们之中仍有不少执着勇敢之人,但与唐宋儒士相比,主体意识和独立精神显著退化,尽管从方孝孺、解缙和李贽等少数士人身上,依然能看到宋儒精神的影子,但他们毕竟是非主流的;尽管他们对独裁专制的淫威努力抗争,但大多以悲剧收场。

---

① 参见吴晗:《朱元璋传》,长江文艺出版社2016年版,第110~117页。

② 参见李治安:《元和明前期南北差异的博弈与整合发展》,载《历史研究》2011年第5期。

③ 参见吴晗:《明朝历史的教训》,台海出版社2016年版,第51页。

知识人士主体意识的退化，自然影响国家政策的制定和实施。元朝纸币发行制度的完善，如果没有王恽、叶李等儒士的加入，自然不会有理想的效果。纸币发展到明朝，已有很多完备的实践和理论经验，然而明廷竟视之若无，在没有准备金，不能兑现的前提下，采取通行票据的手段，通过官俸、赏赐及赈济方式发放，以致宝钞在最初就没有按照面额使用，数十年后即等于废纸。无怪乎黄仁宇说："如果这种发行货币的办法能够成功，那确乎是重新分配财富的最简便的办法了。"①

随着中央集权的膨胀，国家自然对全社会的文化加强控制，强力推进社会风气的转变。明初政府把理学推广确定为国家奉行的主流意识形态，自上而下灌输鼓励，宣传推广。明政府先后发布《圣学心法》《性理大全》《五经大全》《四书大全》等以统一思想，甚至通过法令对不同阶层的房屋器具、日常服饰礼仪作出严格的规定，对宗教活动进行严格管理，以里甲黄册对农村强行重组。加之经过元的统治，社会的确出现一种回归的思潮，当时的儒家士人也积极参与其中，欲建立农业文明的理想社会秩序，以至于明初包括洪武、建文、永乐、洪熙、宣德时期出现一种社会秩序井然的表象，明朝初期的"治世"，被后代看成是淳朴的时代。葛兆光先生认为，在某种意

① [美]黄仁宇：《万历十五年》，三联书店1997年版，第174页。

义上,它确实造成明初的“移风易俗”,这种情形直到明中叶才因社会变化而结束。但葛兆光先生同时列举了国家强制行为,如文化高压,垄断教育,打击军功贵族,掌控文人官僚集团,压制社会自由思想等政策,均体现了明朝对整个社会文化的空前干预。据此,葛兆光先生指出,这个严整秩序是人在向统治者屈服,而非向理学膜拜,所以,这种被称为淳朴世风“治世”的结束,是由后来明中叶国家控制松懈,而不是由理学观念秩序吸引力下降而引起的。①

2. 国家主导下对社会各领域的深刻变革

唐宋以来,秦汉确立的编户齐民秩序出现松动。唐朝推行均田制、租庸调制,虽然保证大多数农民都能有一些土地耕种,但这种制度将人与土地捆绑在一起,人的自由和创造不能充分发挥,社会分工和工商业的发展受到制度约束,社会发展更是禁锢在自然经济之中。两宋时期,由于人口增长和技术进步,社会工商业飞速发展,致使国家经济繁荣,工商业税超过农业税收,政府对基层社会的管理减弱。宋代以主户、客户附籍,租佃关系亦纳入国家户籍,官府税收和差役只征主户,劳役则大大减少。国家权力退缩留下的空白被士绅阶层填

---

① 参见葛兆光:《“唐宋”抑或“宋明”——文化史和思想史研究视域变化的意义》,载《历史研究》2004 年第 1 期。

补，基层社会对国家政权产生了相对的独立倾向。

蒙元在其扩张的过程中，随着帝国疆域的扩大，从蒙古单一游牧民很快发展到职业户计制，其“诸色户计”看似带有社会分工的进步趋向，但实质蕴含游牧贵族主从奴役的习俗。民户、军户、站户、灶户、匠户及儒户、医户、打捕鹰房、也里可温（景教徒）、和尚（僧人）、先生（道士）、答失蛮（穆斯林）等，都必须向官府或贵族服劳役。[①] 全民当差服役意味着百姓的人身依附再度强化，这与唐宋改革中人身束缚减少、自由意识增强的趋势相悖，也即元人郑介夫云：“普天率土，尽是皇帝之怯怜口。”[②]元朝以里甲制度管理社会，夜间禁止百姓通行点灯，禁止集会祠祷、祈赛神社、集场买卖等，禁止汉人田猎习武。这些制度构成天罗地网，铜墙铁壁，每一个地方都孤立，成为无数孤岛，没有消息，蒙古的统治，把国度变成了一个死海。[③]

明初国家虽然没有彻底否定传统产权、重新分配土地，但

---

① 参见黄清连：《元代户计的划分及其政治经济地位》，载《台湾大学历史系学报》1975 年第 2 期。

② （元）郑介夫：《元代奏议集录》（下），陈得芝等辑点，浙江古籍出版社 1998 年版，第 109 页。

③ 参见吴晗：《朱元璋传》，长江文艺出版社 2016 年版，第 19 页。

土地分配状况比宋元时期要平均，[①]既然领受了政府分配的土地，就应该为国家服役。但是，明朝以汉族文化的合法继承者自居，君主与建国集团的独立性和武力背景，使明朝国家政权空前强大，它以唯我合法的革新姿态，在全国主要区域推行里甲黄册制度，对民间基层组织强行整齐划一。以110户为里，分为10甲，无论是地方士绅还是豪强世族，乃至前朝的军户、贱民，均被纳入里甲黄册体制，甚至鳏寡孤独不役者亦尽在册中，里甲黄册以赋予每个人新的分布状况、身份安排与组织体系的方式对中国基层社会进行改造重构，将社会的每一户、每一人牢牢掌握在国家手中。

明朝沿袭元朝的户籍管理旧制，以强大的国家控制力为后盾，把人户分编为若干役种户籍，主要为军、民、匠、灶四类（前期还有油户、酒户、羊户等80余种专业户计），户籍身份世袭，统一实施役皆永充，役因籍异，役有役田，以户供丁的户役法。在此里甲黄册制度的基础上，政府把人人服役与能者多劳、确保应役的原则结合起来，采用“以丁粮多寡为次”，以每年由一个贫富搭配的11户集体单位轮流应役，每十年复位每户服役位次的管理方式，实行全民服役，配户当差。明初国家

---

① ［英］崔瑞德等编：《剑桥中国明代史》（下卷），杨品泉等译，中国社会科学出版社2006年版，第454～456页。

对社会的改造范围之广，影响之大，程度之深，是唐宋金元各朝无法企及的。

明前期沿袭元朝官营手工业制度，工匠匠籍世袭，一旦入籍，世役永充，以轮班、住坐两种方式，尽管某些匠户“应役之暇”，可以回家工作，但必须以为官府局院无偿服役为前提。[①]与唐宋时期发达的民间手工业相比，官营手工业局院虽然规模大，役使工匠多，机构繁杂，但效益低下，强行侵占人力和市场，挤压民间手工业和商品经济的发展空间。明中叶以后，工匠劳役有所减轻。景泰五年(1454 年)原五班轮流改为 4 年一班，以减轻负担，缓和矛盾；成化二十一年(1485 年)实施班匠征银免役，[②]匠籍制和官府手工业逐步瓦解，手工业发展转向以民营为主，国家以征税取利。

明初建立之初，对蒙古大规模的用兵及“靖难之役”，使完备军制成为急迫需求。明沿用元军户世袭制，并对元朝千户和侍卫亲军制略加修改，创立卫所制，卫所军士另立军籍，与民籍分离，一人进入军籍，一家人世代充军，除籍十分困难，除非丁尽户绝或家中有人成为高官或皇帝敕免。军户社会政治经济地位低下，生活困苦且管理严格，所以逃亡严重。直至明

① 参见方楫：《明代手工业发展的趋势》，载《历史教学问题》1958 年第 4 期。

② 参见白寿彝总主编、王毓铨主编：《中国通史》，上海人民出版社 1999 年版，第 800～802 页。

后期，募兵制替代军户制，如抗倭的“戚家军”“俞家军”等均属募兵。明后期的募兵制与唐神策军、宋禁军相承，属职业兵制。募兵的兴起使军户管控有所松动，意味着明代军制向唐宋特点回归。①

元末明初，由于连年争战，很多地方“丁口稀若晨星”，官方多次发动大规模的移民，除影响巨大的湖广填四川外，还有卫所制使上百万军人到卫所驻地建立家庭，把受战争破坏较少、人口密度较高的山西、山东地区居民，甚至将江南富户迁徙到中原地区乃至北方边境地区。出于国家利益，对人口资源调整重组虽然必须，但国家无视原有人口的社会属性，如此大规模强力推行，在历史上是极为罕见的现象。

金元将草原主奴从属习俗带入君臣关系及官场秩序中，对中原文化、政治制度影响深远。至元十六年九月，忽必烈诏谕：“凡有官守不勤于职者，勿问汉人、回回，皆论诛之，且没其家。”②在忽必烈看来，宰相大臣，都是皇家奴仆，奴仆就应该为主子效犬马之劳，否则一概诛杀籍没。有史料载元顺帝时期杀掉的一品大臣据说有500余人，虽然可能有所夸大，但说明杀掉大臣是常见的事。元朝捶击笞责官员臣僚，更是司空见

---

① 参见肖立军：《明代省镇营兵制与地方秩序》，天津古籍出版社2010年版，第81～92页。

② （明）宋濂等：《元史》卷十《世祖纪七》，中华书局1976年版，第215页。

惯。兵部郎中名士赵孟頫因赴官署迟到,被拉去受笞。元世祖时期,权相桑哥因至元钞法阻滞,特派礼部尚书刘宣等,径笞行省左右司及诸路官。

朱元璋为了巩固自己的统治,对于触犯、违反法律的决不宽徇,并总结成理论:"奈何胡元以宽而失,朕收平中国,非猛不可。"也就是以猛治国。凌迟是最野蛮、最残酷的刑法;枭示也叫枭令;种诛就是族诛,一人犯罪,一家一族地杀;另有刷地、秤竿、抽肠、剥皮;还有黥刺、阉割、挑膝盖、锡蛇游等非刑。明初朱元璋的残暴超过历史上任何帝王,使朝中官员提心吊胆,气氛极度恐怖。①

朱元璋用严刑重罚,杀了十几万人,这些人主要是国公、列侯、大将、宰相、部院大臣、诸司官吏、州县胥役、进士、监生、经生、儒士、文人、富人、地主等。② 他兴胡、蓝之狱,诛族连坐达4万余人,③他在《大诰》直言不讳:"寰中士夫不为君用,是外其教者,诛其身而没其家。"朱棣诛杀建文帝余党,滥用株连籍没;齐泰、黄子澄、方孝孺等被株连灭族,或称"瓜蔓抄";④翰

① 参见吴晗:《明朝历史的教训》,台海出版社2016年版,第47页。

② 参见吴晗:《明朝历史的教训》,台海出版社2016年版,第61页。

③ 参见(清)张廷玉等:《明史》卷一三二《蓝玉传》,中华书局1974年版,第3866页;(清)张廷玉等:《明史》卷三〇八《胡惟庸传》,中华书局1974年版,第7908页。

④ 参见《清朝通志》卷五十三《谥略六》。

林学士解缙下诏狱处死,“籍其家,妻子宗族徙辽东”;忠诚伯、兵部尚书茹瑺子茹铨等 27 人及田庐亦被籍没。① 此后,诸如大臣显宦于谦、严世蕃、张居正,佞幸江彬、钱宁,宦官王振、汪直、刘瑾、谷大用、冯保、魏忠贤、王体乾等,皆遭籍家之祸。② 籍没不仅用于阉党、东林党之争,还滥用于不愿为其所用的士大夫身上。民间反叛贼寇“不分首从,律斩枭首示众”,家属也籍没为奴。被籍没者或送至功臣家为奴,或充官奴发配边疆。300 年后,清雍正朝批准山西、陕西等处乐户出贱为良,即是永乐时被没入教坊司,长期沦为官妓乐人,永在贱籍的建文帝余党亲属。

明朝的户籍世袭、配户当差、全民劳役、臣僚奴化、籍没充军等现象,对整个社会和官僚秩序等产生了多种负面的影响。诸如全民劳役与租佃关系,廷杖臣僚与君臣共治天下之间,野蛮与文明、落后与进步的差别不言自明。③

3. 经济发展趋势及政府对经济的干预

在经济领域,元朝继承发展了唐宋以来持续发展的海外

---

① 参见(清)张廷玉等:《明史》卷一四七《解缙传》,中华书局 1974 年版,第 4122 页;(清)张廷玉等:《明史》卷一五一《茹瑺传》,中华书局 1974 年版,第 4174 页;《明宣宗实录》卷三。

② 参见(清)张廷玉等:《明史》,中华书局 1974 年版,第 7773 ~ 7892 页。

③ 参见李治安:《元和明前期南北差异的博弈与整合发展》,载《历史研究》2011 年第 5 期。

贸易业,对繁荣发达的工商业采取扶植的态度。明朝尊奉重农抑商、厚本抑末的政策,压制工商业,基本取缔了海外贸易,打击经济发达的江南地区。因此,有学者认为,宋元明清在王朝更迭期间,元明之间的经济变革最为剧烈。①

(1)宋元明之际经济发展的趋势

唐中叶以后,由于阿拉伯帝国力量东侵,北方陆上丝绸之路受阻,国家经济重心南移,海上丝绸之路兴起,在这一大背景下,江南地区得到开发。繁荣的经济贸易促进东南沿海港口城市的兴起,及至两宋,手工业、商业及海外贸易等都有显著发展,进步巨大。

宋代江南农业取得重大进展,长江中下游河湖交错的低洼地被改造成良田,出现“乡落好田相望,皆千百亩”的现象。北宋时,水稻总产量超过粟、麦,跃居全国粮食作物的首位,麻、桑、茶、甘蔗、水果及花卉、棉花、药材等种植规模明显扩大,涌现了一大批经济作物种植专业户。

农业的进步,推动手工业的发展,纺织、陶瓷、矿冶、造船、印刷等各行业规模扩大,出现了许多领先世界的新技术、新工艺。宋出现了与农业脱离的专业化的纺织手工业作坊,据《宋会要》记载,仅梓州一地就有“机织户数千家”,并可推知宋代

① 参见李新峰:《论元明之间的变革》,载《古代文明》2010年第4期。

机户最多时当在10万户上下。[①] 这些私营机户或机坊采取雇佣织工的方式进行生产,效率明显高于以徭役为主的官营手工业作坊。宋代煤炭已广泛使用于金属冶炼和家庭燃料。煤炭的使用使宋的矿冶能力超出唐朝数倍,神宗时的铁产量达7.5～15万吨,大致可与18世纪欧洲的铁产量相比。[②] 青瓷闻名世界,涌现出汝窑、官窑、龙泉窑、定窑、钧窑和景德镇窑等数大名窑,并出口亚欧许多国家和地区。

宋代商业的发展打破了原有的城市格局和城郭限制,商业性市镇发展极其突出,"民聚不成县而有税者,则为镇"。形成了以城市为中心,墟市、镇市为支撑的网络状、多层次的市场体系,区域性市场也随之发展起来。

宋朝采取了一系列鼓励发展海外贸易的政策和措施。《宋会要辑稿》记载,宋代进口的货物达种类达410种以上,出口货物有丝绸锦缎、酒盐茶糖、陶瓷器、金属制品、药材染料、马匹武器乃至钱币等。在广州、福建、两浙沿海及京东等地先后建8处市舶司、市舶务,市舶税收成为宋代中央王朝的一个重要经济来源。宋代海船制作坚固、载重量大,并拥有

---

① 参见漆侠:《中国经济通史·宋代经济卷》,经济日报出版社1999年版,第727页。

② 参见漆侠:《中国经济通史·宋代经济卷》,经济日报出版社1999年版,第625页。

最先进的航海技术,开辟了直达阿拉伯半岛和东非沿岸的海上航道。

为了满足工商业的发展和市场的需要,宋代铸造的货币成倍增长,并大量外流,成为一种通货。“钱本中国宝货,今乃与四夷共用”,其周边诸国“皆仰中国之铜币”,以至于出现“钱荒”,于是交子产生了,这一人类历史上最早出现的纸币,充分说明宋代商业信用的发展与商品经济的繁荣。

元朝对中原地区提倡重农,但并不抑商,保持了宋代海外贸易繁荣和工商业发展的良好势头,并推行了系列保护与鼓励发展商业的政策。在宋的基础上,元代手工业取得了长足进步;纺织业中棉纺织兴起并迅速普及;元青花瓷的烧制技术日趋成熟;手工业作坊中雇佣劳动的使用也很普遍。更重要的是,由于元的疆域辽阔,全国性交通网络形成,商品流通活跃,大中城市形成了专门的商业区,商铺林立,分工细密。而墟集、草市则遍布市镇、乡村各地,形成了全国统一的大市场。

元代海外贸易呈现出前所未有的宏大规模。宋元改朝换代之际,对南方的海外贸易影响不大,元朝统治者视海外贸易为“国家大得济的勾当”。元代最多时曾于 7 个港口建立市舶司,并在宋《市舶条法》的基础上,制定了统一完整的《市舶法则》,如至元二十三年制定的《市舶则法二十三条》。元代与中国通商的国家和地区比前代大增,视野极其开阔,对海外地区形成了新的地理概念,“郑和下西洋”之所谓“西洋”,即是沿用了元代对东西地理划分的概念。

统一的大市场,使元宝钞成为流通广泛的货币,也是发行制度最完备的古代纸币,它通行于南洋诸国,远及西亚,影响欧洲。

宋元时代工商业的突出发展和海外贸易的空前繁荣,说明传统经济发展中最早出现了一种里程碑性质的新趋势,这种发展不只是一种量的变化。从范围上说,它波及各行各业;从空间上说,它带有整体性;从时间上说,它是连续性的,尤其是对外贸易,从宋到元长达4个世纪几乎没有中断。这些非凡的成就和变化预示着人类历史上一个新时代的到来。

(2)明初政府对经济的强势干预

元明之际,由于连年争战,民多逃亡,田多荒芜。朱元璋为了恢复和发展农业生产,采取休养生息、奖励垦荒、移民授田、劝课农桑等一系列政策,明初社会得到较快的恢复与发展。但与此同时,朱元璋本着崇本抑末、兴农抑商、兴官抑私的基本政策,加强对社会政治、经济、文化的整体控制,打击工商业势力,从整体上重塑了中国经济的结构与面貌。

《明实录》载:“古先哲王之时,其民有四,日士农工商,皆专其业……其令四民,务在各守本业。医卜土著,不得远游。

凡出入作息，乡部必互知之。其有不事生业而游惰者，及舍匿他境游民者，皆迁之远方。”“先王之世，野无不耕之民，室无不蚕之女，水旱无虞，饥寒不至……朕思足食在于禁末作，足衣在于禁华靡。尔宜申明天下四民，各守其业，不许游食；庶民之家，不许衣锦绣，庶几可以绝其弊也。”①

从上述文字可以看出，朱元璋要建立的理想社会，应遵循所谓的汉族传统，恢复到“先王之教”“古先哲王”之世，即以农业为本、自给自足的自然经济时代。他认为，工商业的兴起动摇了农业的基础，致使“农桑之业废”和商贾“游惰”。上述现象因受元朝风气的影响，均不合先王旧章，必须以“禁末作”“禁华靡”“禁游食”的形式革除。朱元璋的厚本抑末、重农抑商的政策，全面改变了宋元以来的经济发展趋势，直到明中叶以后国家对经济的控制逐渐放松才有所扭转。②

明初建立的黄册里甲制度，体现了朱元璋重建传统自然经济的意图，他希望通过缜密的统计和严密的组织，力图把生产者束缚在土地之上，从而牢牢控制在自己手中。为了实现这一目的，朱元璋在《大诰续编》中一再申令“里甲要明，户丁要尽，户丁既尽，虽无井田之拘，约束在于邻里”；“互相知丁，

---

①　《明太祖实录》卷一七七。

②　参见栾成显：《宋元明时代经济发展的新趋势与明太祖的经济政策》，载中国明史学会编：《明史研究》（第10辑），黄山书社2007年版，第192～201页。

互知务业，具在里甲，县州府务必周知，市村绝不许有逸夫”；“农业者不出一里之间，朝出暮人”；“虽无井田之拘，约束在于邻里”。这些话明确指出，明初推行黄册里甲制度，是要以井田制的形式，通过强制手段，把天下臣民束缚在土地上，通过控制人民以达至控制社会的目的。然而，在宋元以后土地买卖十分频繁，工商业已相当发展的时代，明朝以土地捆绑人民，限制土地买卖的做法很难行得通。由于土地买卖频繁，人口逃离土地，使黄册里甲的编制越来越混乱不堪。

朱元璋在《大诰》加强里甲约束的申令中，特别强调“辨验丁引”“互知丁业”“验丁报业”。这些话名义上是要士农工商各安其业，实际上则是防止人们在行业间转移，特别是严格限制由务农向经商的转变，“恐托业为名，暗有他为”。对经商者还特别申令，其经营情况要让邻里周知，出门有期限，否则拿捉赴官，或发配充军，甚至会有杀身之祸。人口的流动是工商业发展的前提，这种加强里甲约束，严格限制人口流动，严防行业转移，严限商人活动的一系列禁令与措施，对工商业的发展，特别是民间工商业的发展极为不利，从根本上阻断工商业发展与繁荣之路。

明初打击工商业的政策还表现在设关置卡，对商人征以重税。明初在全国各地设置的税课司、税课局、抽分局等达

400余处，商人货物“既税于所产之地，又税于所过之津”。① 永乐皇帝曾明确地说：“商税者，国家以抑逐末之民。”②尽管“士农工商”是明朝户籍的四个主要类别，但在官府所定的户籍之中，却并没有商籍，而明代又规定，只有被编入黄册、持军民匠灶等正式户籍的人，才有资格参加科举考试。所以商人子弟若要参加科举考试，必须填写其他户籍。明代商人不仅不为国家所认可，在政治上还要遭受极大歧视。洪武二十四年规定：“农家许着绸纱绢布，商贾之家止许着绢布。如农民之家，但有一人为商贾者，亦不许着绸纱。”商人社会地位之低下不言而喻。

朱元璋接受了元代用兵海外失败的经验，打定主意，不向海洋发展，要子孙遵循陆地政策，③因此禁海罢航成为明朝与重农抑商政策相呼应的另一大举措。洪武三年十月，中书省臣上奏：高丽使者进贡，多是些贵重的货物，请征其税。朱元璋却说：“远夷跋涉万里而来，暂尔窝货求利，难与商贾同论，听其交易，勿征其税。”④因“难与商贾同论”，朱元璋为朝贡贸

---

① （清）张廷玉等：《明史》卷一四七《解缙传》，中华书局1974年版，第4122页。

② 《明太宗实录》卷二三。

③ 参见吴晗：《朱元璋传》，长江文艺出版社2016年版，第135页。

④ 《明太祖实录》卷五七。

易确立了“厚往而薄来”的交易原则,可以看出,他并不把朝贡贸易看作一种经济行为,或者说他不愿或不屑于朝贡贸易的经济利益。

“四方诸夷,皆限山隔海,僻在一隅,得其地不足以供给,得其民不足以使令。若其自不揣量,来挠我边,则彼为不祥。彼既不为中国患,而我兴兵轻伐,亦不祥也。吾恐后世子孙,倚中国富强,贪一时战功,无故兴兵,致伤人命,切记不可。”《皇明祖训》记载的朱元璋这段话,一方面可以看出他瞧不起周边小国的“天朝上国”心态,另一方面又担心对方骚扰边关的矛盾心理。

朱元璋全面而彻底的海禁罢航政策,自然有海疆不靖的原因,但其最根本的原因还是他对先王自然经济模式的崇尚及对重农抑商基本国策的执着。自给自足的自然经济本质上是封闭的,与开放的海外贸易政策自然会产生矛盾,因此朱元璋多次严令“片板不许入海”,[1]撤销宋元以来所建各市舶司,限制朝贡次数。禁海罢航成为明朝大多数皇帝遵循的祖制。对私人海外贸易,明代自洪武朝之后,包括永乐时期在内,一直是严加禁止的,严厉时甚至禁止出海捕鱼。

---

① 《明神宗实录》,万历四十一年十月乙酉条;(清)张廷玉等:《明史》卷二〇五《朱纨传》,中华书局1974年版。

至于郑和下西洋的军事外交游行,仅仅在海洋上展示了中国有成为海洋帝国的潜力,不但没有继承官方海外贸易的巨大利润,反而造成了人力、物力的巨大浪费,甚至被后人诟为"敝政",①可见其并未超出"厚往薄来"的朝贡贸易范围,只是宋元航海技术的余响,而非海外贸易的余烈。郑和之后,明朝把国门重重地关上了,从此中国与海洋强国失之交臂。而郑和的后来者,西方的航海家经过前赴后继,发现了新大陆,开辟了新航线,宣告一个新时代的来临。其后,海上狼烟四起,海被瓜分了,被武装了,而明依然沉浸在天朝上国的迷梦中,对世界大势一无所知。

另外,明朝建立前后对江南这个繁荣富足地区实行了很多严酷的政策,如苏松重赋、迁移富民、镇压士绅等,这使原本得益中国文化经济重心南移而繁荣的江南地区的经济发展受到重创,正如李重伯所言:"至少是在明代前期江南士人心目中,明初几十年苏州经济比元代后期要萧条。"②据《明会典》记载,明朝中期的万历六年(1578 年)朝廷主要财政收入为银三百三十七万八千两、米二千零七十三万三千石、麦五百八十

---

① 参见(明)严从简:《殊域周咨录》卷八《琐里古里》,中华书局 1993 年版,第 307 页。

② 李伯重:《多视角看江南经济史(1250 ~ 1850)》,三联书店 2003 年版,第 88 页。

七万六千石、草一千四百一十四万二千束，全部折合成银两只不过二千零八十万两，与年财政收入曾达到过一亿六千万两的宋朝相比，明朝的财政能力明显下降，甚至也比不过唐朝。唐宋以来经济呈上升趋势，因元明之际经济发展水平的明显下降，遭遇了400年间最明显的一次断裂。

二、历史评价

1.货币商品属性回归并最终取代信用属性

经典货币学理论认为，纸币相对于金融货币的高级形式，是替代金属货币执行流通手段和支付手段的工具，它的显著特征就是其社会信用性。中国最早的纸币交子始于北宋初年，比西方早六七百年，但它无法进一步地巩固发展，至明朝反而被银铜双元金属货币取代，其原因使人深思。

纸币没有使用价值，之所以能够被社会接受认可，是发行方依据自己的信用制度而作的安排，这种制度安排的主要目的是实现币值的稳定，所以信用性是纸币的内核和灵魂。明朝建立不久就颁布了宝钞货币制度。明初政府为了政权的稳固，实行轻赋税政策，然而巨额的宫廷消费、官吏俸禄、赈灾支出，尤其是军费等刚性开支，不能随意减少，导致严重的财政缺口。明初政府为了弥补财政赤字,解决财政危机,毫不节制地凭空滥发纸币,导致纸币大幅贬值,直至钞法崩溃,其恶性影响造成纸币彻底消失,退出流通市场。

明朝纸币的消亡和金属货币的回归,其深层次的原因是明初中国经历了宋元以来长期的战争和混乱,社会经济出现大倒退,加之明政府重农抑商的政策,强化社会管理,致使社会失去活力,工商业极其不发达,整个经济完全倒退至自然经济模式,明朝政治经济文化已无纸币生存的土壤,最终导致货币信用流失,使货币商品性回归,并恢复到白银时代。

这一反例证明信用属性对纸币是多么得重要。纸币的信用属性代表价值符号,只有以民众对政府的普遍信任为基础,才能黏合法定购买力。失去信用属性,政府可以用严酷的法律逼迫民众接受宝钞,然而强力推广违背经济规律,矛盾越积越深,以致经济体系崩溃。

研究明代史籍会发现,在有关典章制度的记载中,有钞法和钱法,却不见银法。这说明,明代没有严格意义上的白银制度,白银称不上明朝的法定货币,政府甚至屡次对白银成为法定货币有抵触情绪。从历史上看,白银本来就是贵金属,完全依靠自己的价值流通,而不是来自官方的制度设计,官方为推广纸币甚至屡次重申禁金银铜等金属货币,因此白银货币化发端于民间,是官方与民间博弈的结果。

明政府为挽救宝钞制度而屡次禁用金银和铜钱。洪武皇帝二十七年(1394 年)出台了禁用铜钱的法令,这一禁令破坏了明初以钞为主、以钱为辅的货币制度,导致了一个意想不到的结果,即民间用银现象的增多。洪武末出现“杭州诸郡商贾,不论货物贵贱,一以金银论价”的现象。因为宝钞贬值严重,其附着的政府信用逐步流失,民间“用脚投票”弃用纸币。洪武三十年(1397 年),明政府为了救钞,在禁铜的同时,更进一步禁金银交易。但是,政府自以为是的法令违背了经济规律,以致社会倒退到以物易物的模式。洪武末年,宝钞逐渐崩坏,加之铜币原材料的匮乏,白银最终冲破明政府的一系列禁令,成长为商品交易的主角。

明代白银货币化趋势从民间孕育,自上而下冲击着明代的货币制度,这是统治者不愿看到的,出于本能的反应,他们千方百计地维护宝钞制度,而在救钞的过程中,却无视历代实践经验,只是采取欺国害民的“以钞收银”的变更政策,其根本原因是明政府不愿放弃以发行宝钞聚敛财富的目的。钞法在实行后不久便出现信用的逐步流失,实际上成弘以降,民间对宝钞的不信任感增强,宝钞失去货币的信誉和价值,最终无法制止金属货币的冲击而趋于崩坏,民间支付开始转向白银,钞法也就形同虚文了。

明朝从成弘时期开始,白银经历了从官方非法货币到官方默许认可的过渡时期。至嘉靖前期,白银不仅成为当时流通、支付领域的通用手段,且在国家各项财政收支中占据重要地位,白银货币化进程基本完成。史载嘉靖时“钞久不行,钱亦大壅益专用银”。白银的货币化导致白银供不应求的局面,市场上一度出现了“银荒”的局面。隆庆元年(1567 年),穆宗颁布法令:“凡买卖货物,值银一钱以上者,银钱兼使,一钱以下者,止许用钱。”此乃明政府在“银荒”的背景下,为限制白银在流通领域普遍使用而采取的法令,但它却是明朝在白银货币化客观现实下明确“银钱兼使”的法令。这是明朝首次以法权形式把白银作为主币的货币形态固定下来,肯定了白银的合法货币地位。翻阅明朝各类典籍,可散见“折银”的记载,由于明朝并无银法,于是这条本意限银的法令,被后来学者视为明朝银本位货币体系确立的证明。

国家税制的改革,也间接推动了白银货币化的进程。英宗初设立金花银制,但朝廷军饷、官俸这两项最大财政的支出,以及茶税、盐税、关税、商税等田赋以外重要的大宗国税收入,仍循旧制,以钞钱为主。这说明银还不完全具备国家法定货币的资格。英宗以后,政府多次进行的财政收支制度变革,白银在朝廷财政收支中逐渐取代钞、钱。成化年间,两浙盐课开始折银,户口食盐法也出现向白银货币的转变。成化六年(1470 年),政府“不许折收银米”,这正是地方折征白银的反映。至嘉靖时期，折银已完全制度化。关税是明朝最重要的商业税，随着白银流通扩大，成化年间，关税开始改收白银，至弘治元年(1488年)，各钞关税收大多亦改征银两。

万历九年，首辅张居正推行“一条鞭法”，把丁役土贡等项税收一概归并入田赋一项而“计亩征银”。希望通过解决土地兼并问题，缓解明政府的财政困境，然而“一条鞭法”“以粮易钱，以钱易银。由县输郡，郡输省，省输京师”，直接导致白银成为当时经济社会的主导货币。官方的认可与推动加快了白银货币化步伐，加之新大陆的发现，美洲和其他地方白银的大量涌入，使白银迅速向整个社会全面铺开，渗透到人民日常生活和社会经济的方方面面。

2. 银本位对明王朝命运的影响

白银的货币化倒逼政府进行货币制度的改革，而货币制度的改革促进了工商业的发展，活跃了市场，繁荣了经济，带动了整个社会结构的变迁，将社会经济的发展轨迹再次推向唐宋以来的发展趋势。明朝初期对社会的强势干预及造成的影响，首先是银差、折银对全民当差服役带来的巨大冲击，既而户籍松动将人从土地上解放出来等。

明初，朱元璋即便想建立重农抑商的纯粹农耕社会，但由于唐宋以来工商业的发展和进步，自然经济已经不可能一统天下。明政府企图用里甲黄册把农民拴在土地上，可农民的逃亡从明初就开始了,特别是在江南经济繁荣的地区。离开土地束缚的农民,为了另谋生计,有的转而从事各种各样的工商业活动,或开张店铺,或屠沽贩卖,或买卖办课,或为人打工,"流寓胜于土著",从而摆脱了到处流移,在死亡线上挣扎的命运,甚至比原来当农民的日子过得还要好些。

户役法松动,要追溯至正统时期的"金花银",而后是正役改革,以宣德中期"均耗折征"起步,推行核实土地而平其税粮,实行固定役额、缩短轮役时间的里甲正役改革。徭役改革的重点是银差渐多、计丁验粮轮当、定期审编的均徭法,又辅以十段册法,最终是张居正推行的"一条鞭法",合并赋役项目且能折银,部分徭役摊入田亩。① 这些改革顺应社会经济发展及社会关系的需要,将人从全民当差服役中解放出来,而白银的货币化也为"一条鞭法"的推行及赋役改革提供了物质基础。明中叶之后,商品经济的繁荣、商帮的形成、市镇的兴起冲击着传统农业社会的自然经济,成为社会变迁的根本动力,致使明末社会的诸多方面都发生了令人瞩目的新变化,从某种意义上说,都得益于白银的货币化。

尽管明朝海禁严厉,海外贸易遭受极大的打击,但私人出

---

① 参见白寿彝总主编、王毓铨主编:《中国通史》,上海人民出版社 1999 年版,第 699~708、727~752 页。

海交易却在暗中发展，禁而不止，即使在明前期，私自出海下番的事例亦不在少数。至隆庆时，部分开放海禁，私人海外贸易迅猛发展，盛况空前，明末达到高潮。最为著名的是郑芝龙海商集团，其资本雄厚，富可敌国，势力庞大到几乎控制了东南沿海的海上贸易。

白银货币化后，逐步渗透到整个社会。一方面，国家银库入不敷出；另一方面，社会无论大额支付还是零星交易都需要白银。由于明朝白银储存量及银矿开采量严重不足，白银巨大的需求和供给不足的矛盾凸显，向海外寻求白银就成为必然。梁方仲先生指出：中国向来是一个产银不多的国家。自近代与欧洲各国通商以来，银的供给大部分依赖外国。海外贸易繁荣所带来的白银入超，成为影响明中后期政治经济生活中的头等大事。

15 世纪末 16 世纪初，也即发生在郑和下西洋后约 1 个世纪的地理大发现，打破了世界各地的隔绝状态，开拓了世界市场。明中后期部分开放海禁，以融入世界，获得白银。丝绸、瓷器、茶叶等作为农业社会的核心技术，中国垄断其生产销售千余年，至 16 世纪，世界各国仍然没有可与中国交换的产品，而丝绸、瓷器、茶叶等在欧洲市场供不应求，西方人只能用白银高价购买，凭借外贸出超优势，大量白银流入中国。一般估算，隆庆时期仅部分开放海禁，通过各种渠道流入中国的白银已约达一亿两，大量白银的流入为明代白银货币化最终完成提供了基础，使中国货币银本位制成为可能。

明代中后期商品经济与海外贸易的空前发展绝非偶然现象，它上接唐宋元工商业与海外贸易的发展趋势，同时与世界海洋与工业文明的发展潮流相呼应。无论是从纵向还是从横向来看，朱元璋在明初实行的重农抑商和禁海罢航的保守经济政策，均有悖于时代发展潮流。当海外白银成为明代中国白银重要来源时，中国巨大的生产力，在白银的驱动下，被最大限度地激发出来，中国经济通过白银融入世界资本市场，与世界巨大的市场连接成一个整体。

研究中国古代经济史会发现，商品经济的发展和市场经济的繁荣，总是与周期性的货币供应不足“钱荒”相伴。主要是国内贵金属短缺，而信用货币又发展不足导致。白银货币化大大推进明代商品经济和市场交换的发展，而且白银法定非称量货币的特征约束了当权者滥发货币的权利，国家无法像超发纸钞或实行铜钱减重等形式，轻易地把大批社会财富聚于自己的控制之下，切断了明王朝通向恶性通货膨胀之路。

任何事情都是一把“双刃剑”，由于明王朝失去对货币的调控能力，国家想通过政府信用，扩大货币发行，解决社会公共问题也已无可能，以至于明后期政府在国家重大建设方面几乎无所作为。由于丧失了货币发行的话语权，近 30 年不上朝的万历皇帝,沦落为除四处派太监加征矿税外,还直接以官办名义开矿挖矿。试想,如果朝廷不把信用丧失殆尽,万历皇帝还需要冒着与民争利的恶名,四处加税开矿吗?当然,我们也无法预料,即便明初宝钞发行稳健,当明中叶时期世界白银如潮水般涌来时,宝钞该如何应对这样的场景?

国家财政是一个政府经济政策的中心。纸币在中国古代历史的实践告诉我们,强大的中央集权以及国家压倒一切的财政需求,使政府在发行纸币时无法克制超发的冲动。有学者认为,大明宝钞的发行是出于国家财政的需求,甚至可以说,大明宝钞是专门为国家财政聚敛财富而设计,而不是根据社会经济发展和社会商品经济发展对货币的真正需求作出的安排。其实,不仅大明宝钞,从北宋"交子"的出现直至纸币退出中国古代货币史,一幕幕因超发而崩溃的景象不断在中国古代历史舞台上重演。

根据英国经济学家安格斯·麦迪森的估算,从公元1000年至1500年,中国的人均国民生产总值只增加了1/3,而同期西欧几乎翻了一番。这从侧面说明,中国古代宋以后人均国民生产总值基本上处于稳定状态,经济增长缓慢。一方面,农业社会技术突破不易;另一方面,对外战争与农民起义造成社会急剧动荡,将社会财富破坏殆尽,能够储存起来的剩余财富甚至无法满足荒年之需。而明初由于工商业水平出现倒退现象,田赋收入每年照常征收,朝廷不可能指望会随着时间而增加。稳定的社会需要稳定的货币供给,可是明政府在巨额财政需求下发行大明宝钞,既无钞本、无限额、发行多、回笼少,新旧钞兑毫无章法,且价格悬殊,加之宝钞形制过大,制作简陋,易于伪造,最终造成宝钞贬值,彻底退出流通市场,被白银取代。明宝钞的失败证明,基于国家财政需求发行的不兑现纸币几乎没有不发生通货膨胀与货币贬值的。

财政压力是古今中外各政府都会面临的难题。然而,是否财政压力均会导致政府采取掠夺性的货币政策,答案显然是否定的。1215 年,英国为解决财政压力横征暴敛,贵族们忍无可忍奋起抗争,于是国王与贵族代表谈判,双方签订了《大宪章》,确立“无代议士不纳税”和“王在法下”的原则。从此以后国王的行为受《大宪章》的约束,议会成为资产阶级对抗王权的有力工具,英国近代民主政治的基础由此奠定。1688 年发生的资产阶级“光荣革命”以后,贵族在与王权争斗过程中占据了上风,当君主拖欠债务时,被施加的惩罚大大增加。自由权利和约束义务往往是相伴的,君主债务惩罚力度的加大,反过来也提高了君主的信贷限额。“光荣革命”以后,英国建立了一套有效的信用制度,政府的举债能力成倍增加,英国从此赢得了一系列战争的胜利,走上了通向“日不落帝国”的强国之路。反观明代中国,在通向近代化的十字路口,政府却在财政压力之下走上相反的道路，以至于中国彻底退出世界舞台中心，这不能不令人深思。

3. 治理宝钞通胀的现实意义

信用货币是经济繁荣、交换发达的必然产物，是现代化市场经济的核心。中国古代纸币周期是一个举世独特的货币实践，在传统的经济环境中发生并完成。元朝时期，宝钞给马可·波罗留下的印象深刻，以至于他在自己的游记中以专门章节讲述纸币和细节，其中的细节让同时代的欧洲人震惊而难以置信。但明朝的货币管理由于财政原因而失控，在明朝国力强盛的时候宣告结束，它不仅给当时的明朝政府财政带来相当大的负面影响，也为我们留下了深刻的历史教训。

当前国际市场经济发展迅速，货币发行流通量达到空前的水平，受全球经济一体化的影响，世界各经济体间贸易壁垒减少，资本自由流动，逐利资本自由的驰骋在世界各经济体因货币政策、财政政策、金融政策、经济发展预期等差异形成的利差中，寻找着各种套利的机会。中国是一个地大物博、民族众多的国家，改革开放40多年来，我国的货币政策规范也经历了重大变迁，从幼稚逐渐走向成熟。在这40多年间，我国也曾遇到通货膨胀等问题，但政府通过强有力的宏观调控政策，有效地调控货币供应量，严格控制信贷规模，整顿金融秩序，从而保持了币值的稳定，维护了国家统一和安定团结的局面。

但是关于货币宏观管理政策,我们缺乏超长周期的实证运行经验,如何在市场周期的不同阶段采用相应的货币政策,化解货币危机,减少对社会造成的损失和创伤,以便在充分就业和经济增长的条件下实现物价的基本稳定,抑制通货膨胀,使国民经济得到健康、协调、快速的发展,都是我们需要加强研究的课题。

回看货币出现两千多年的历史,基本上就是政府制造通货膨胀的历史;也是一部货币不断贬值的历史;或者说是铸币的金属含量不断减少,因纸币的超发、滥发而使所有商品价格都不断上涨的历史。英国著名经济学家、诺贝尔经济学奖获得者弗里德里希·冯·哈耶克认为,政府是导致货币不稳定的根源,因此,哈耶克一直考虑如何限制政府在货币领域的权力。他在晚年最后一本经济学专著《货币的非国家化》中认为,既然在一般商品、服务市场上自由竞争最有效率,那么为什么不能在货币领域引入自由竞争,他提出了一个革命性建议:废除中央银行制度,允许私人发行货币,并自由竞争,这个竞争过程将会发现最好的货币。这种观点在西方引起强烈的反响,由此引发的争论至今仍未结束。当大多数经济学家认为,政府垄断货币几乎应该是天经地义的事情的时候,哈耶克的观点给我们带来一些启示:天底下也许根本没有所谓的“自然垄断”的行业,包括政府对货币的垄断,因为货币产生是商品经济和自由竞争的结果,它原本就不是被政府垄断的。如果不是由中央政府发行纸币,纸币的通货膨胀真的能控制得住吗?

我国现在流通的人民币,也是一种国家统一发行的不兑换纸币,如何稳定货币体系,避免出现系统性的金融风险显得尤为重要。探讨中国古代纸币制度,尤其是明宝钞的发行流通直至消亡的深层社会原因;探讨古代纸币法制变化对文明盛衰兴替所发生的影响,总结经验和教训,不仅有助于我们把握当下世界货币形势,看清货币的本来面目,也使我们能够更好地立足中国大地,完善我国的货币政策,为政府的货币政策及货币的未来走向提供某种借鉴,提高我国央行的货币调控能力。

附录一　明朝皇帝列表

庙号	谥号	名讳	生卒时间	年号	在位时间
德祖（明太祖追尊）	玄皇帝（明太祖追谥）	朱百六	—	—	—
懿祖（明太祖追尊）	恒皇帝（明太祖追谥）	朱四九	—	—	—
熙祖（明太祖追尊）	裕皇帝（明太祖追谥）	朱初一	—	—	—
仁祖（明太祖追尊）	淳皇帝（明太祖追谥）	朱世珍	1283～1344年	—	—
太祖	开天行道肇纪立极大圣至神仁文义武俊德成功高皇帝	朱元璋	1328～1398年	洪武	1368～1398年

续表

庙号	谥号	名讳	生卒时间	年号	在位时间
兴宗(明惠宗追尊、明成祖剥夺、明安宗追尊)	懿文太子孝康皇帝(明惠宗追谥、明成祖剥夺、明安宗追谥)	朱标	1355～1392年	—	—
惠宗(明安宗追尊)	嗣天章道诚懿渊功观文扬武克仁笃孝让皇帝(明安宗追谥)恭闵惠皇帝(清高宗追谥)	朱允炆	1377～1402年	建文	1398～1402年
太宗(初上庙号太宗)成祖(明世宗改上庙号)	启天弘道高明肇运圣武神功纯仁至孝文皇帝(明世宗累谥)	朱棣	1360～1424年	永乐	1402～1424年
仁宗	敬天体道纯诚至德弘文钦武章圣达孝昭皇帝	朱高炽	1378～1425年	洪熙	1424～1425年
宣宗	宪天崇道英明神圣钦天昭武宽仁纯孝章皇帝	朱瞻基	1398～1435年	宣德	1425～1435年
英宗	法天立道仁明诚敬昭文宪武至德广孝睿皇帝	朱祁镇	1427～1464年	正统	1435～1449年
代宗(明安宗追尊)	恭仁康定景皇帝(明宪宗及清朝追谥)符天建道恭仁康定隆文布武显德崇孝景皇帝(明安宗追谥)	朱祁钰	1428～1457年	景泰	1449～1457年

续表

庙号	谥号	名讳	生卒时间	年号	在位时间
英宗	法天立道仁明诚敬昭文宪武至德广孝睿皇帝	朱祁镇（复辟）	1427 ~ 1464 年	天顺	1457 ~ 1464 年
宪宗	继天凝道诚明仁敬崇文肃武宏德圣孝纯皇帝	朱见深	1447 ~ 1487 年	成化	1464 ~ 1487 年
孝宗	建天明道诚纯中正圣文神武至仁大德敬皇帝	朱祐樘	1470 ~ 1505 年	弘治	1487 ~ 1505 年
武宗	承天达道英肃睿哲昭德显功弘文思孝毅皇帝	朱厚照	1491 ~ 1521 年	正德	1505 ~ 1521 年
睿宗（明世宗追尊）	兴献帝（明世宗追谥）恭穆献皇帝（明世宗改谥）知天守道洪德渊仁宽穆纯圣恭简敬文献皇帝（明世宗累谥）	朱祐杬	1476 ~ 1519 年	—	—
世宗	钦天履道英毅神圣宣文广武洪仁大孝肃皇帝	朱厚熜	1507 ~ 1566 年	嘉靖	1521 ~ 1566 年
穆宗	契天隆道渊懿宽仁显文光武纯德弘孝庄皇帝	朱载坖	1537 ~ 1572 年	隆庆	1566 ~ 1572 年

续表

庙号	谥号	名讳	生卒时间	年号	在位时间
神宗	范天合道哲肃敦简光文章武安仁止孝显皇帝	朱翊钧	1563～1620年	万历	1572～1620年
光宗	崇天契道英睿恭纯宪文景武渊仁懿孝贞皇帝	朱常洛	1582～1620年	泰昌	1620年
熹宗	达天禅道敦孝笃友章文襄武靖穆庄勤悊皇帝	朱由校	1605～1627年	天启	1620～1627年
怀宗（清世祖去庙号）思宗（明安宗尊）毅宗（明安宗改上庙号）	庄烈愍皇帝（清世祖谥）绍天绎道刚明恪俭揆文奋武敦仁懋孝烈皇帝（明安宗谥）	朱由检	1609～1644年	崇祯	1627～1644年
—	献愍太子（明安宗谥）悼皇帝（明监国鲁王追谥）	朱慈烺	1629～1644年	义兴	1644年
恭宗（明昭宗追尊）	慕天敷道贞纯肃哲修文显武圣敬仁毅孝皇帝（明昭宗累谥）	朱常洵	1586～1641年	—	—
安宗	奉天遵道宽和静穆修文布武温恭仁孝简皇帝	朱由崧	1607～1646年	弘光	1644～1645年
绍宗	配天至道弘毅肃穆思文烈武敏仁广孝襄皇帝	朱聿键	1602～1646年	隆武	1645～1646年

续表

庙号	谥号	名讳	生卒时间	年号	在位时间
文宗	贞天应道昭崇德毅宁文宏武达仁闵孝节皇帝	朱聿鐭	1605～1647年	绍武	1646年
礼宗（明昭宗追尊）	体天昌道庄毅温弘兴文宣武仁智诚孝端皇帝（明昭宗追谥）	朱常瀛	1597～1645年	—	—
昭宗	应天推道敏毅恭俭经文纬武礼仁克孝匡皇帝	朱由榔	1623～1662年	永历	1646～1662年

附录二　明朝货币大事年表

1353 年	张士诚铸天佑通宝
1355 年	韩林儿铸龙凤通宝
1358 年	徐寿辉铸天启通宝
1359 年	徐寿辉铸天定通宝
1360 年	陈友谅铸大义通宝
1361 年	朱元璋铸大中通宝
1368 年	明太祖铸洪武通宝,颁布洪武通宝钱制
1375 年	发行大明宝钞,停止宝源局铸钱
1376 年	停止各省铸钱
1377 年	恢复各省铸钱
1389 年	恢复宝源局铸钱
1393 年	再停止各省铸钱

续表

1394 年	禁用铜钱
1397 年	再停宝源局铸钱,禁用金银
1399 年	恢复铸钱,改定钱制
1400 年	再改钱制
1408 年	铸永荣通宝
1411 年	金银解禁
1425 年	再禁金银
1433 年	铸宣德通宝
1436 年	放松用银禁令
1448 年	禁用铜钱
1460 年	恢复铜钱流通
1465 年	令商税课钱钞各半兼收
1503 年	铸弘治通宝
1527 年	铸嘉靖通宝
1570 年	铸隆庆通宝
1576 年	铸万历通宝
1596 年	采矿热潮开始
1616 年	满人铸天命钱
1621 年	铸泰昌通宝和天启通宝大小钱,王象乾请铸三等大钱
1627 年	满人铸天聪钱
1628 年	铸崇祯通宝
1643 年	铸崇祯当十钱,蒋臣提行钞计划
1644 年	清世祖在北京铸顺治通宝,福王在南京铸统光通宝,李自成在西安铸永昌通宝,张献忠在成都铸大顺通宝

续表

1645 年	顺治钱增重为一钱二分
1646 年	鲁王在绍兴铸大明通宝
1647 年	永明王在肇庆铸永历通宝
1649 年	孙可望在云南铸兴朝通宝
1651 年	发行钞贯,顺治钱增重为一钱二分五,日本铸永历通宝助郑成功
1653 年	铸一厘钱
1657 年	顺治钱增重为一钱四分
1662 年	铸康熙通宝
1674 年	吴三桂铸利用通宝,耿精忠在福建浙江铸裕民通宝
1678 年	吴三桂铸昭武通宝,吴世番铸洪化通宝

主要参考文献

一、著作

1.(清)张廷玉等:《明史》,中华书局1974年版。

2.(清)龙文彬:《明会要》,中华书局1956年版。

3.怀效锋点校:《大明律》,法律出版社1999年版。

4.彭信威:《中国货币史》,上海人民出版社2007年版。

5. 萧清:《中国古代货币史》,人民出版社 1984 年版。

6. 张家骧主编:《中国货币思想史》,湖北人民出版社 2001 年版。

7. 千家驹、郭彦岗:《中国货币史纲要》,上海人民出版社 1986 年版。

8. 千家驹、郭彦岗:《中国货币发展简史和表解》,人民出版社 1982 年版。

9. 王毓铨:《中国古代货币的起源和发展》,中国社会科学出版社 1990 年版。

10. 萧清:《中国古代货币思想史》,人民出版社 1987 年版。

11. 王献唐:《中国古代货币通考》,齐鲁书社 1979 年版。

12. 石毓符:《中国货币金融史略》,天津人民出版社 1984 年版。

13. 汪圣铎:《中国钱币史话》,中华书局 1998 年版。

14. 陶希圣、鞠清远:《唐代经济史》,山西人民出版社 2014 年版。

15. 李剑农:《中国古代经济史稿》,武汉大学出版社 2005 年版。

16. 何兹全:《何兹全文集 · 中国古代社会》,中华书局 2006 年版。

17. 梁方仲:《梁方仲文集·中国经济史讲稿》,中华书局2008年版。

18. 朱伯康、施正康:《中国经济史》,复旦大学出版社2005年版。

19. 全汉昇:《中国经济史研究》,中华书局2011年版。

20. 叶世昌:《中国经济史学论集》,商务印书馆2008年版。

21. [美]黄仁宇:《万历十五年》,三联书店1997年版。

22. [美]黄仁宇:《十六世纪明代中国之财政与税收》,阿风、许文继、倪玉平、徐卫平译,三联书店2001年版。

23. 吴晗:《吴晗论明史》,天津人民出版社2015年版。

24. 吴晗:《朱元璋传》,长江文艺出版社2016年版。

25. 吴晗:《明朝历史的教训》,台海出版社2016年版。

26. 石俊志:《中国铜钱法制史纲要》,中国金融出版社2015年版。

27. 石俊志:《中国古代货币法二十讲》,法律出版社2018年版。

28. 张宇润:《货币的法本质》,中国检察出版社2010年版。

29. 解宏等:《财富分布与历史轮回》,经济科学出版社2015年版。

30. 王子英等注释:《中国历代食货志汇编简注》,中国财政经济出版社 1985 年版。

31. 王雷鸣编注:《历代食货志注释》,农业出版社 1985 年版。

32. 王咨臣等译:《历代食货志今译》,江西人民出版社 1986 年版。

33.《大元圣政国朝典章》,中国广播电视出版社 1998 年版。

34. 张金奎:《明代卫所军户研究》,线装书局 2007 年版。

35. 梁太济、包伟民:《宋史食货志补正》,中华书局 2008 年版。

36. 韩世明、都兴智校注:《〈金史〉之〈食货志〉与〈百官志〉校注》,中国社会科学出版社 2005 年版。

37. [英]安格斯·麦迪森:《世界经济千年史》,伍晓鹰等译,北京大学出版社 2003 年版。

38. [英]弗里德里希·冯·哈耶克:《货币的非国家化》,姚中秋译,新星出版社 2007 年版。

39. [日]柿沼阳平:《中国古代货币经济史研究》,汲古书院 2011 年版。

40. [日]高桥弘臣:《宋金元货币史研究——元朝货币政策之形成过程》,林松涛译,上海古籍出版社 2010 年版。

41. [美]卡比尔·塞加尔:《货币简史》,栾力夫译,中信出版集团 2016 年版。

42. [日]上田信:《海与帝国:明清时代》,高莹莹译,广西师范大学出版社 2014 年版。

43. [日]杉山正明:《疾驰的草原征服者:辽西夏金元》,乌兰、乌日娜译,广西师范大学出版社 2014 年版。

二、论文

1. 萧志华:《唐代两税法的实行及钱荒的出现》,载《内蒙古金融研究》2006 年第 7 辑。

2. 刘阿平:《唐代飞钱产生的背景及其影响》,载《延安大学学报(社会科学版)》2006 年第 4 期。

3. 高春平:《论中国古代信用票据飞钱、交子、会票、票号的发展演变》,载《经济问题》2007 年第 1 期。

4. 李家寿:《关于唐代"飞钱"的性质问题》,载《财经研究》1994 年第 3 期。

5. 黄鉴晖:《对唐代柜房、飞钱的认识》,载《山西财经学院学报》1993 年第 5 期。

6. 石俊志:《张浚与四川钱引——南宋初期四川的纸币流

通》,载《当代金融家》2015 年第 1 期。

7. 石俊志:《宋徽宗改交子为钱引——中国古代最的纸币交子的兴衰演变》,载《金融博览》2012 年第 11 期。

8. 吴华君:《古代纸币与国家财政能力:以南宋为例》,载《经济资料译丛》2015 年第 2 期。

9. 尚琤:《简议宋代纸币流通和其监管法制》,载《中国市场》2009 年第 13 期。

10. 张文:《宋代通货膨胀问题辨析——兼论宋代纸币的性质》,载《西南师范大学学报(哲学社会科学版)》2000 年第 1 期。

11. 张双双:《金代交钞对北宋交子的借鉴与创新》,载《黑龙江史志》2015 年第 5 期。

12. 陈瑞台:《金代纸币制度探析》,载《内蒙古大学学报(哲学社会科学版)》1986 年第 3 期。

13. 毛良伟等:《从〈元典章〉看元朝纸币管理》,载《北京印刷学院学报》2015 年第 2 期。

14. 郑知民:《元代货币制度衰败与灭亡》,载《河北金融》2015 年第 11 期。

15. 侯厚吉、胡江滨:《元代马端临的货币思想》,载《经济学情报》1996 年第 1 期。

16. 李若愚:《从明代的契约看明代的币制》,载《中国经济史研究》1988年第4期。

17. 张彬村:《明朝纸币崩溃的原因》,载《中国社会经济研究》2015年第3期。

18. 陈峰:《从食货之学到社会经济史——社会史论战对中国经济史学的催生和形塑》,载《南京大学学报(哲学·人文科学·社会科学版)》2010年第3期。

19. [日]柿沼阳平:《中国古代货币经济史研究的意义和分析视角(一)》,载《中国钱币》2010年第2期。

20. 苏永明:《"食货派"的经济史研究方法探讨》,载《史学史研究》2007年第3期。

21. 石俊志:《中国古代黄金失踪之谜》,载《中国金融》2011年第19期。

22. 朱勇:《论宋代法制文明及其历史贡献》,载《河北法学》2008年第3期。

23. 沈萌:《中国古代法制发展的经济基础浅析》,载《广西大学学报(哲学社会科学版)》2006年第S2期。

24. 郑晓珊:《试论中国古代食货法的存在及意义》,载《广州社会主义学院学报》2010年第4期。

25. 刘海年:《中国古代经济法制之研究》,载《南京大学法律评论》1996年第2期。